Almut Bockemühl · *Selbstfindung und Muttersein*

ALMUT BOCKEMÜHL

Selbstfindung und Muttersein im Leben der Frau

VERLAG FREIES GEISTESLEBEN

CIP-Titelaufnahme der Deutschen Bibliothek

Bockemühl, Almut:
Selbstfindung und Muttersein im Leben der Frau /
Almut Bockemühl – 2. durchgesehene Aufl. –
Stuttgart: Verl. Freies Geistesleben, 1990

ISBN 3-7725-0944-4

Schutzumschlag unter Verwendung eines Selbstbildnisses von
Paula Modersohn-Becker, Privatbesitz
Prägung: Teil eines abessinischen Handkreuzes
Zweite, durchgesehene Auflage 1990

Gesamtherstellung: Clausen & Bosse, Leck

Inhalt

Vorwort

«Wäre es Ihnen möglich, Grundlegendes, aber auch individuell Erlebtes über den Beruf der Mutter zu schreiben? Für die heutige Zeit scheint es notwendig zu sein, darauf hinzuweisen, daß die häusliche Erziehung von Kindern wirklich ein Beruf ist, der bewußt aufgegriffen werden will und muß, wenn er künftig gedeihen soll.»

Als diese Frage an mich herankam, begann sie sofort, etwas in meinem Inneren in Bewegung zu setzen. Es schien mir ein wichtiges Anliegen zu sein. Stehen nicht Millionen von Frauen vor dem Problem, wie sie ihre Mutterschaft einbeziehen können in die Aufgaben, vor die sie sich als Menschen mit individuellen Zielsetzungen gestellt sehen? Und ist andererseits die häusliche Erziehung von Kindern nicht wirklich ein Beruf, ebenso sinnvoll und ausfüllend wie ein anderer?

Dennoch zögerte ich zunächst, der Aufforderung nachzukommen. Nachdem ich – von der Natur zwar mit dem lebhaften Wunsch nach Kindern, keineswegs aber mit einer Vorliebe für Hausarbeit ausgestattet – vier Kinder großgezogen hatte und danach durch eine Altenpflege nochmals für Jahre in den mütterlichen Beruf zurückgekehrt war, glaubte ich damit meinen Dienst auf der Seite des Lebens geleistet zu haben und mich in der übrigbleibenden Zeit meinen persönlichen, seit der Studienzeit zurückgestellten Interessen – Literatur, Dichtung,

Sprache – widmen zu dürfen. Es war mir auch klar, daß eine positive Darstellung von Muttersein und Familienleben sicher von manchen Lesern und vor allem Leserinnen als «altmodisch» abgetan werden würde. Immer wieder hört man Frauen sprechen von den «verlorenen Jahren», die sie ihren Kindern widmen mußten. Dies zeugt von einem inneren Zwiespalt, einer Unbefriedigtheit, die nicht durch die äußeren Umstände, sondern lediglich von innen zu überwinden ist, indem man seine Einstellung zu den Lebensumständen ändert. Es kann doch im Leben einer Frau in unserer Zeit nicht darum gehen, zwei voneinander getrennte Leben zu führen, sondern sich mit jeder Tätigkeit so zu verbinden, daß sie ein Teil der eigenen Persönlichkeit wird. Anders gesagt: Die Frau, die als Mutter einem großen Haushalt vorgestanden hat, ist keine andere als die, die sich auch schriftstellerisch betätigt.

Ich erinnerte mich daran, wie leidenschaftlich gern ich als Kind geschaukelt habe, und das Bild der Schaukel wurde mir zum Symbol für meine Lebenslage und die von vielen anderen Frauen. Die Schaukel schwingt. Sie hat in sich die Tendenz, die eingeschlagene Richtung fortzusetzen, aber nicht unbegrenzt. Ihr Schwung erzeugt zum Ausgleich den Gegenschwung. Dazu aber ist nötig, daß sie an einer Stelle gehalten wird, daß der Drehpunkt, um den herum sie sich bewegt, selbst in Ruhe bleibt.

Die Schwünge der Schaukel sind unsere Tätigkeiten, der Drehpunkt ist das ruhende Ich, das die Bewegung auslöst, auf das die Bewegung zurückwirkt. Können wir die Schwünge zu unserer Eigeninitiative machen oder lassen wir uns nur passiv hin- und herwerfen?

Das Schaukeln ist auch eine uralte symbolische Handlung. Bei Griechen, Römern und Slawen gab es Schaukelfeste, die im Frühling gefeiert wurden, wenn die Wälder ergrünten, die Lüfte milder wurden und das Gleichgewicht zwischen Winter und Sommer erreicht war. Der Dionysoskult kannte das

Schaukeln als Fruchtbarkeitszauber und zur Dämonenvertreibung. Man kann auch von antiken Totenkulten lesen, in denen einer, der sich selbst den Tod gegeben hat, schaukelt, um die Götter zu versöhnen. Dadurch wurde das durch das gebrochene Gesetz aus dem Lot Geratene wieder eingependelt. Das Schaukeln ist eine rhythmische Ausgleichsbewegung zur Versöhnung von Gegensätzen.[1]

Indem eine Frau sich selbst als Individualität finden und gleichzeitig mütterliche Hingabe üben möchte, steht sie zwischen Gegensätzen, die schwer vereinbar sind. Es kann auch keine Anweisungen dafür geben. Man kann nur Erfahrungen auf dem Weg schildern, Gedanken, Weltansichten weitergeben, die in meinem Fall undenkbar wären ohne die Hilfe, die eine lebenslängliche Beschäftigung mit der Anthroposophie Rudolf Steiners geben kann. In der anthroposophischen Geisteswissenschaft geht es darum, «das seelische Leben im einzelnen Menschen und in der menschlichen Gesellschaft auf der Grundlage einer wahren Erkenntnis der geistigen Welt pflegen» zu wollen.[2] Ich könnte mir mein Leben ohne diese Bemühung nicht vorstellen. Dies Buch enthält aber keineswegs eine Einführung in die Anthroposophie, und ebenso wenig ist es ein pädagogischer Ratgeber. Solche gibt es genug, und ich möchte die Anzahl nicht vermehren.

Ich habe angestrebt, viele Beispiele zu bringen und so dicht wie möglich an Erlebtem zu bleiben. Es handelt sich also um ein sehr persönliches Buch, auch wenn es allgemeine Betrachtungen und historische Rückblicke enthält, die immer unvollständig sind und nur der Standortbestimmung dienen.

Im Hintergrund stehen die Erfahrungen einer 33jährigen Ehe und des Mitlebens mit den heranwachsenden Kindern. Es wird manchmal mit einer Art von leisem Vorwurf betont, wie «brav» die Frauen meiner Generation noch ihren Verpflichtungen als Mutter und Ehefrau nachgekommen sind, ohne aus der bestehenden Form auszubrechen. Dahinter steht die biographische Tatsache, daß es sich um die Generation handelt, deren Kindheit in die Kriegszeit fiel. Man erlebte also in einem besonders sensiblen und empfänglichen Alter, wie durch äußere Gewalt Familien auseinandergerissen und zerschlagen wurden. Es gab zu der Zeit nur alleinerziehende Mütter. Und es konnte ein sehr schmerzliches Erlebnis sein, daß nach dem Kriege in anderen Familien nach und nach wieder Väter auftauchten, während der eigene ausblieb. Dies kann die Überzeugung begründen, daß es so nicht sein sollte, und die Entschlossenheit fördern zu tun, was man kann, damit die eigenen Kinder in einer «richtigen» Familie aufwachsen können. Es gibt aber auch ein Verständnis dafür, was es bedeutet, wenn Frauen mit ihren Kindern allein dastehen und sie durchbringen müssen.

Dies ist der Faden, der mein Buch mit der Vergangenheit verbindet. Auf der anderen Seite wurde ich durch die nachfolgende Generation – die Kinder und deren Freunde – mit Problemen meist seelischer Natur konfrontiert, von denen wir uns früher nichts träumen ließen, weil wir vieles als naturgegeben hinnahmen, was jetzt hinterfragt wird. Diese Probleme treten oft schon massiv auf, ehe es überhaupt zu einer Lebensgemeinsamkeit gekommen ist.

In vielen Gesprächen mit den verschiedensten Freundinnen und Freunden sind all diese Fragen wieder und wieder bewegt worden. Mehrere haben das Manuskript durchgearbeitet und mit ihren Anmerkungen versehen. Ihnen allen, dazu meinem lieben Mann, meinen drei Söhnen Cornelis, Olaf und Laurens und ganz besonders meiner Tochter Erdmuthe möchte ich dafür von Herzen danken.

Die Frauenbewegung

> Und insbesondere ist heute die Frau berufen,
> ihr Selbst zu finden und geltend zu machen.
> Alles, was auf diesem Gebiete geschieht,
> wird zum Heile der Menschheit beitragen.[1]
>
> *Rudolf Steiner*

Besinnt man sich auf sich selbst als Frau und Mutter, spricht man mit anderen Frauen über ihr Verhältnis zu ihren Kindern, ihren Mann, ihren Beruf und über ihr ganzes damit verbundenes Lebensgefühl, so merkt man immer wieder, wie viele Probleme, die früher vorhanden waren, jetzt keine mehr sind, und wie wiederum Fragen und Situationen entstanden sind, an die man früher überhaupt nicht gedacht hätte. Das Miteinanderleben der Menschen hat sich in dem Jahrhundert, das hinter uns liegt, in einem Ausmaß verändert, wie wohl kaum je zuvor. Es ist nicht möglich, ein Bild all dieser Entwicklungen zu geben, wohl aber können einige Grundtendenzen aufgezeigt werden.

Am Ende des vorigen Jahrhunderts begannen die Strukturen des sozialen Lebens plötzlich in Unruhe und Bewegung zu geraten. Die Jugendbewegung wie auch die Frauenbewegung sind deutliche Zeichen einer neuen Zeit. Man fing an, an den Grundfesten der Gesellschaft zu rütteln. Traditionen und Autoritäten wurden in Frage gestellt. Die Frauen, bisher ganz im Dienst an ihren Familien aufgehend, begannen ihre Identität zu suchen und zu finden.

Um die Jahrhundertwende traten in unserem Kulturleben bedeutende Frauenpersönlichkeiten auf, die als einzelne kraftvoll ihren Weg gingen. Es könnten viele Beispiele genannt werden. Es gab solche, die eine individuelle Karriere machten, indem sie ein Universitätsstudium durchsetzten, was damals noch mit sehr großen Schwierigkeiten verbunden war. Die Schriftstellerin Ricarda Huch (1864–1947) war eine der ersten deutschen Frauen, die promoviert hat. Maria Montessori (1870–1952), die erste Medizinstudentin in Rom, wurde später bekannt durch ihre Lernmethoden für behinderte Kinder. Marie Curie (1867–1934), die Entdeckerin der Radioaktivität, erkämpfte sich gegen viele Widerstände ihr Studium in Paris. Andere Frauen suchten als Künstlerinnen neue, unkonventionelle Wege wie beispielsweise Isadora Duncan (1878–1927) mit ihrer ausdrucksstarken, am Klassischen orientierten Bewegungskunst oder die jüdische Lyrikerin Else Lasker-Schüler (1869–1945). Beide führten ein Leben, das wie ein einziger Protest gegen das herkömmliche Bürgertum war, wodurch ihre Lebensumstände zu außerordentlich schwierigen Verwicklungen führten. Besonders tragisch sind Lebensläufe wie der von Franziska von Reventlow (1871–1918), die, künstlerisch nur mäßig begabt, ein Leben der «freien Liebe» in den Schwabinger Künstlerkreisen führte, durch das sie mit der Zeit unfähig wurde, eine dauerhafte Beziehung aufzubauen oder eine feste berufliche Grundlage zu erlangen: ein Ausbruch aus dem Bestehenden ohne die Fähigkeit, einen neuen Halt zu finden.

Warum gab es diesen Protest gegen die Gesellschaftsstrukturen nicht früher? Jahrhundertelang hatten sich die Frauen im großen und ganzen in die ihnen zugewiesenen Rollen gefügt. Hatten sie nicht das Bedürfnis oder nicht die Kraft, sich neue Ziele zu setzen? Es ist deutlich, wie am Ende des vorigen Jahrhunderts plötzlich etwas möglich wurde, was vorher noch nicht möglich gewesen war.

Werfen wir einen Blick auf die Lebensverhältnisse des Mittelalters. Die Lebensgemeinschaften, an die man sich in starkem Maße gebunden fühlte, waren damals klein: Dörfer oder eben erst entstehende Städte, über deren Überschaubarkeit wir uns heute oft verwundern, wenn wir sie rekonstruieren. Man kannte sich gegenseitig. Man gehörte als Familie, als Dorfgemeinschaft zusammen. Man war gewissermaßen seelisch mit seiner natürlichen und menschlichen Umgebung verschmolzen, grenzte sich nicht stark voneinander ab.

Das gesamte Leben spielte sich noch viel mehr in der Öffentlichkeit ab. Es gab auch noch nicht die Trennung zwischen Hausarbeit und Berufsarbeit in unserem Sinne. Sowohl im Bauerntum als auch im Handwerkerstand arbeiteten beide, Mann und Frau, im Umkreis des Hauses, wenn auch mit fest verteilten Rollen.

Das Geistesleben, an dem jeder teilnehmen konnte und sogar mußte, wurde von der Kirche repräsentiert. Ihre Autorität wurde, wie auch die sonstige hierarchische Gliederung der Gesellschaft oder die geschlechtsbedingte Rolle jedes Gliedes der Gemeinschaft, zunächst nicht hinterfragt.

Dieses Hinterfragen begann aber bereits mit den religiösen Reformbewegungen des 13. Jahrhunderts, ob sie nun von der Kirche sanktioniert waren oder als ketzerisch galten. Langsam fingen einzelne an, sich aus dem gruppenhaften Erleben zu lösen.

Eine Revolutionärin von außerordentlicher Unbequemheit für ihre Zeitgenossen war z. B. die Landgräfin Elisabeth von Thüringen (1207–1231). Ihr Leben wurde nach ihrem Tode zu einem in die kirchlichen Normen passenden Heiligenleben zurechtgeglättet. Die Radikalität, mit der sie, die ungarische Königstochter, die Gleichheit aller Menschen praktizierte, war unerhört in ihrer Zeit. Nachdem sie zwanzigjährig Witwe geworden war, weihte sie ihr Leben Gott, aber sie trat keinem der bestehenden Orden bei. Zwar leistete sie eine Gelübde, aber nicht in die Hand eines Priesters, wie es üblich war, sondern unmittelbar Gott gegenüber, indem sie ihre Hand auf den Altar legte. Hierdurch drückte sie ihre Eigenständigkeit und Unabhängigkeit aus.

Das Leben, das sie sich mit einer kleinen Gemeinschaft Gleichgesinnter aufbaute, vereinigte hingebungsvollen Dienst an Hilfsbedürftigen mit einem intensiven geistigen Leben, ein Ideal, das sie zwar im Stile ihrer Zeit, das heißt aus tiefster Religiosität heraus, verwirklichte, das aber als solches heute noch richtungweisend sein kann.

Eine Persönlichkeit wie diese nahm einen Impuls vorweg, der erst zur Zeit der Reformation mit voller Kraft durchbrach, den Impuls der freien Individualität.

Eine Individualität sucht und findet Kraft und Sicherheit in sich selbst, im eigengeprägten Seelenleben. Die Mönche machten Seelenübungen zur Erkraftung ihres Innenlebens in völliger Abgeschlossenheit von der Außenwelt, weil diese sie dabei zu sehr irritiert hätte. In Scholastik und Mystik wurde der Höhepunkt des ganz innerlich-geistig erlebten Gedanken- oder Gefühlslebens erreicht. Diese Stärke mußte das Innenleben erst gewonnen haben, um sich erneut der Sinneswelt aussetzen zu können.

Individuelles Leben heißt, Innenwelt und Außenwelt zu unterscheiden. Wie ein Abbild dieses Vorgangs, daß sich ein sozusagen «privater» innerseelischer Teil immer deutlicher herausbildete, ist die zunehmende Trennung eines privaten vom öffentlichen Lebensbereich. Man empfand in immer stärkerem Maße das Bedürfnis nach einer abgesonderten Sphäre, dem häuslichen Leben. Die Familie begann, ihr Eigenleben zu entwickeln.

Für die Frauen, die stärker mit dem Bereich der Häuslichkeit verbunden waren als die Männer, bedeutete das eine zunehmende Isolation. Die eigentliche Verbürgerlichung und Verhäuslichung der Frau fällt in die Zeit vom 16.–19. Jahrhundert. Der vielzitierte «Patriarchalismus» hatte seine Blütezeit im 19. Jahrhundert.

Wenn man hier Kritik übt, darf dabei nicht übersehen werden, daß der «pater familias» nicht nur die oberste Autorität hatte, sondern daß auch die Verantwortung für das Auskommen der Familie hart auf ihm lastete, da diese absolut von ihm abhängig war. Es gab keine Sozialleistungen vom Staat. Starb der «Ernährer», so blieb die Frau mit den Kindern hilflos und in Not zurück. Nahm sie eine außerhäusliche Arbeit an, so konnte sie damit ihre Familie nicht durchbringen, da sie prinzipiell schlechter als ein Mann bezahlt wurde.

In den «höheren» bürgerlichen Kreisen des 18. und 19. Jahrhunderts wurde die Hilflosigkeit und Ungebildetheit der Frau geradezu gepflegt. Sie wurde bewußt auf die Häuslichkeit reduziert. Oft konnte sie nicht oder nur wenig lesen und schreiben. Sie war ein nettes Spielzeug für den Mann, für den diese ihre Unfähigkeit einen Zuwachs seines eigenen Selbstwertgefühls bedeutete. So ist es in Ibsens Schauspiel «Nora» (1879) geschildert.

Im Protest gegen derartige Verhältnisse entstand die bürgerliche Frauenbewegung[2], die vor allem um Ausbildungsmöglichkeiten für Mädchen, freien Zugang zu den Berufen und bessere Entlöhnung kämpfte. Es war dies eine ganz praktische Zeitnotwendigkeit. Dennoch mißversteht man die Frauenbewegung, wenn man nur ihre äußere Seite anschaut. Es ging weder nur um Verdienstmöglichkeiten noch um den Beweis, daß man ebensolche Berufsleistungen wie die Männer erbringen könne. Es gab auch eine innere Notwendigkeit.

Im Mittelalter waren, wie schon dargestellt wurde, Geistesleben und Religion identisch. Vom 15. Jahrhundert an begann nun die rein wissenschaftliche Denkweise sich zu entwickeln und allmählich von der Religion loszulösen. Diese verlor immer mehr an Bedeutung.

So kam es, daß im 19. Jahrhundert der damals noch ungebrochene Glaube an den wissenschaftlichen Fortschritt unversehens den Platz einnahm, den vorher die Religion innegehabt hatte. Die Wissenschaftsentwicklung aber war Männersache. Damit war die Frau vom Ringen um die Daseinsfragen, d. h.

vom eigentlichen Geistesleben, ausgeschlossen. Der Kampf der Frauen um Zugang zu den Berufen und zum Studium hatte also keineswegs nur eine praktisch-finanzielle Seite, sondern war ein Aufbegehren gegen dieses Ausgeschlossenwerden von der geistigen und kulturellen Entwicklung.

Die Folge davon war zunächst, daß Männer anfingen, darüber zu diskutieren, wie weit Frauen zu Leistungen auf geistigem Gebiet überhaupt fähig wären, oder ob es möglich sei, sie zu öffentlichen Diensten zuzuziehen.

In Meyers Konversationslexikon aus dem Jahre 1905 steht unter dem Stichwort «Gleichberechtigung der Frau» folgender Abschnitt: «Das auf politische Gleichberechtigung ausgerichtete Verlangen entspringt weniger einem praktischen Bedürfnis als einer theoretischen Anschauung von zweifelhaftem Werte. Die geistige Individualität der Frau, sowie das bei ihr vorherrschende Gemütsleben, lassen sie für eine tätige Teilnahme am öffentlichen Leben wenig geeignet erscheinen.»

Der Abschnitt über das «Frauenstudium» enthält die Passage: «Die Behauptung der Gegner des Frauenstudiums, daß dem weiblichen Geschlecht die Befähigung zur selbständigen wissenschaftlichen Forschung abgehe, ist abzulehnen. Die Erfahrung lehrt, daß Frauen ganz wohl mittleren Ansprüchen der Berufsstudien gerecht zu werden vermögen.»

Auf diesem Hintergrund ist Rudolf Steiners Stellungnahme zur Frauenfrage in seiner «Philosophie der Freiheit» (1894) zu sehen: «Solange von Männern darüber debattiert wird, ob die Frau ‹ihrer Naturanlage nach› zu diesem oder jenem Beruf tauge, solange kann die sogenannte Frauenfrage aus ihrem elementarsten Stadium nicht herauskommen. Was die Frau ihrer Natur nach wollen kann, das überlasse man der Frau zu beurteilen. Wenn es wahr ist, das die Frauen nur zu dem Berufe taugen, der ihnen jetzt zukommt, dann werden sie aus sich selbst heraus kaum einen anderen erreichen. Sie müssen es aber selbst entscheiden können, was ihrer Natur gemäß ist. Wer eine Erschütterung unserer sozialen Zustände davon befürchtet, daß die Frauen nicht als Gattungsmenschen, sondern als Individuen genommen werden, dem muß entgegnet werden, daß soziale Zustände, innerhalb welcher die Hälfte der Menschheit ein menschenunwürdiges Dasein hat, eben der Verbesserung gar sehr bedürftig sind.»[3]

Die Wissenschaft, zunächst rein geistiger Natur, entwickelte sich im 19. Jahrhundert mit der Technik ins praktische Leben hinein. Das Ziel wurde nicht mehr ausschließlich im Erkenntnisleben gesehen, sondern in der Machbarkeit. Lebensbereiche, die bisher in den Händen von Frauen gelegen hatten – man denke nur an die Textilherstellung oder die Lebensmittelzubereitung – wurden von der industriellen Entwicklung ergriffen und in die Fabriken verlegt. Es begann das Maschinenzeitalter als ausgesprochenes Produkt der Männerkultur.

Die Frau paßt nicht in die Fabrik, Kinder noch weniger. Es ist aber bekannt, in welchem Maße gerade Frauen und Kinder durch Arbeit in den Fabriken ausgebeutet wurden und unter welch drückenden sozialen Verhältnissen sie lebten. Hier ist die Wurzel der «proletarischen Frauenbewegung», die von Anfang an neben der bürgerlichen herlief und einen ganz anderen Charakter hatte. Während die bürgerliche Frau den Zugang zu den Berufen suchte, war es in der Arbeiterschaft das Ziel, die Frau aus der Berufsarbeit herauszunehmen und für die Familie freizustellen. Die Frauenfrage war hier keine isolierte, sie hing zusammen mit der gesamten Arbeiterfrage.

Die Tatsache, daß um die gleiche Zeit sowohl für die bürgerliche als auch für die proletarische Frau Zwänge auftraten, die nach Veränderung drängten, zeigt deutlich, daß sich in dieser Zeit in der europäischen Menschheit ein neues Bewußtsein zur Geltung bringen wollte, das sein ganzes Verhältnis zur Welt grundlegend änderte. Hatte früher die Natur den Menschen beherrscht, so fing nun der Mensch an, die Natur zu beherrschen und schließlich einen solchen Druck auf sie auszuüben, daß heute ihr Überleben in Frage gestellt ist.

Dies Bewußtsein brachte zunächst mit sich, daß man sich nicht mehr wie bisher *in der Welt*, sondern ihr gegenüber fühlte. In der Wissenschaft spricht man vom «externen Beobachter». Bezüglich der Entwicklung des «Gegenstandsbewußtseins» und dem daraus resultierenden Selbstwertgefühl hat der Mann einen Vorsprung. Es mag sein, daß er diesen Vorsprung durch die Tatsache erlangt hat, daß es fast immer Männersache gewesen ist, sich kriegerisch mit Waffengewalt gegen Gegner durchzusetzen. Die Übung in äußerer Gegenüberstellung führte zur Fähigkeit der inneren, die letztendlich nicht weniger zerstörend wirkt.

Hier ein Gegengewicht zu schaffen, ist die besondere Aufgabe der weiblichen Menschheit vom 20. Jahrhundert an. So ist der Satz von Rudolf Steiner zu verstehen, der diesem Kapitel als Motto vorangestellt wurde. Die Frauenbewegung ist ein Kampf der Frauen darum, das nötige Selbstbewußtsein für diese große Aufgabe zu entwickeln.

Da Kraft und Wille, sich selbst zu behaupten, also zunächst als eine männliche Qualität angesehen werden muß, ist es zu verstehen, daß die Frauen damit anfingen, eine Entwicklung in Richtung des Männlichen durchzumachen. Um ihre weibliche Unfreiheit und Einseitigkeit zu überwinden, versuchten sie, sich Lebensgebiete zu erobern, auf die bisher Männer ein Privileg zu haben glaubten.

Das beginnt bei Äußerlichkeiten. Mit kurz geschnittenem Haar und Hosen fühlt man sich freier und beweglicher. Keine moderne Frau findet etwas dabei. Es mutet uns merkwürdig an, wenn wir hören, wie Olympia de Gouges, eine Vorkämpferin der Frauenbewegung zur Zeit der Französischen Revolution, nachdem sie zunächst mit ihren Forderungen nach «Frauenrechten» durchaus Erfolge hatte, sich erbitterte Feindschaft zuzog, als sie verlangte, die Frauen sollten Männerkleidung anlegen, um damit die äußeren Geschlechtsunterschiede zu eliminieren. Das brachte das Faß zum Überlaufen. Sie endete auf dem Schafott.

Eine Tendenz zum Männlichen hin liegt auch der sogenannten «sexuellen Befreiung der Frau» in unserem Jahrhundert zugrunde. Sie ging von der Voraussetzung aus, daß die sexuellen Bedürfnisse der Frau denen des Mannes gleich seien und nur durch Erziehung und soziales Milieu bislang unterdrückt worden seien.

Die Sexualtheorie von Sigmund Freud (1856–1939), dem Begründer der Psychoanalyse, ist ganz vom männlichen Standpunkt aus konzipiert und stellt die weibliche Sexualität so dar, als sei die Frau ein kastrierter Mann. Von daher kommt er zum Begriff des «Penisneids», der für jede normal empfindende Frau schwer zu verstehen ist. Durch Freud wurde die Sexualität so quasi zur Triebfeder allen menschlichen Handelns gemacht, und zwar beginnend in ihrer Kindheit. Daß diese Ansichten sich in solchem Ausmaß durchsetzten, wie es der Fall war, muß wohl mit der materialistischen Zeittendenz zusammenhängen. Seine Ideen breiteten sich zunächst in Europa rasch aus und gewannen dann in den dreißiger, vierziger Jahren in Amerika eine große Bedeutung. Man kann wohl sagen, daß durch dieses Gedankengut die von Amerika ausgehende Sexwelle der Nachkriegszeit in Bewegung gesetzt wurde.

Auf diesem Hintergrund ist es tief erschütternd, zu erfahren, daß Freud selbst aus Furcht vor öffentlicher Diffamierung seine tatsächlichen Forschungsergebnisse entstellt hat.[4] Er war davon ausgegangen, daß viele seiner Patientinnen, die unter Hysterie litten, von einer Verführung oder Vergewaltigung im frühen Kindesalter berichteten, häufig durch den eigenen Vater. Die Folge war eine Art «sexuelles Trauma». Wegen der eisigen Aufnahme durch die Kollegen ließ Freud später die «Verführungstheorie» fallen, erklärte die Erzählungen seiner

Patientinnen als Phantasieprodukte und entwickelte die Lehrmeinung von der «kindlichen Sexualität».

Es wäre eine wichtige Aufgabe der Frauenemanzipationsbewegung gewesen, der Frage nach dem Kindesmißbrauch nachzugehen. Dies war nicht möglich, weil die «Verführungstheorie», die leider durchaus auf Tatsachen beruhte, an denen sich bis heute nicht viel geändert hat, systematisch unterdrückt wurde. Statt dessen griffen die Frauen sehr stark einen anderen Freudschen Gedanken auf: daß man sich von aller hemmenden Moral befreien müsse, um sexuelle Befriedigung zu erlangen.

Zu Beginn unseres Jahrhunderts wurde viel von der «doppelten Moral» gesprochen. Das Verhalten von Männern und das von Frauen in sexueller Hinsicht wurde mit ganz verschiedenen Maßstäben gemessen. Hiergegen wehrten sich die Frauen mit Recht, und es hat sich in dieser Hinsicht in den letzten Jahrzehnten auch Entscheidendes geändert. Allerdings sollte man als Frau klar sehen, daß sich im Zuge dieser Veränderung die weibliche Moral der männlichen angepaßt hat und nicht umgekehrt.

Die Frauenbewegung ist primär und vorwiegend als eine Befreiungsbewegung aufzufassen: Befreiung von der Gebundenheit ans Haus, der Benachteiligung in der Arbeitswelt, der männlichen Unterdrückung, der rein geschlechtsspezifischen Rolle und der konventionellen Moral. Zu manchen Zeiten hat sie sich aber auch hinausgehoben über den Kampf um persönliche Rechte zu allgemein menschlichen: als Frauenfriedensbewegung.

Eine solche gab es zu Beginn des Ersten Weltkriegs. Ihre Vertreterinnen überbrachten im September 1914 dem Präsidenten der USA, Wilson, eine Friedenspetition mit der Aufforderung, zwischen den kriegführenden Ländern zu vermitteln. Die Resolution war von einer Million Frauen aus dreizehn Nationen unterschrieben. Es ist interessant, daß Frauen, obwohl im allgemeinen nicht zum Wehrdienst herangezogen, mehr zum Pazifismus neigen als Männer. Lida G. Heymann, führend in der Frauenbewegung am Beginn des Jahrhunderts, vertrat die Ansicht, daß die Unterscheidung in typisch weibliche und typisch männliche Eigenschaften abzulehnen sei, mit einer Ausnahme: «Aber in einem unterscheidet sich die Frau vom Manne: in ihrer Empfindung dem schaffenden Leben gegenüber. Das Weib, Urquell alles Lebens, bewertet die Mühen, Leben zu schaffen, ganz anders als der Mann, ... und so werden die Frauen, nur weil sie Frauen sind, zum stärksten Förderer des Pazifismus.» [5]

Es ist wenig bekannt, daß es auch nach dem Zweiten Weltkrieg in Deutschland eine Frauenfriedensbewegung gegeben hat: den Demokratischen Frauenbund Deutschlands (DFD). Ursprünglich aus dem antifaschistischen Widerstand hervorgegangen, setzte er sich ein für Frieden als vorrangigstes Ziel, für Demokratie und Gleichberechtigung. Da aber die Regierung Adenauer schon wenige Jahre nach Kriegsende die Remilitarisierung und Westintegrierung Westdeutschlands propagierte, wurde diese Bewegung, die sich vehement gegen die Wiedereinführung der allgemeinen Wehrpflicht einsetzte, diffamiert, unterdrückt und schließlich (1957) als «verfassungswidrig und staatsgefährdend» ganz verboten. Damals wurden die Fäden zum östlichen Teil Deutschlands zerschnitten zugunsten des Westbündnisses, das das «Wirtschaftswunder» herbeiführte.

Unvermerkt verschob sich das Interesse der jüngeren Frauen auch wieder auf die persönlichen Probleme. Der Kampf um die Gleichberechtigung wurde fortgesetzt. Das Wahlrecht und der Zugang zu den Ämtern waren ja schon durch die Novemberrevolution 1918 erreicht worden. 1949 wurde die Rechtsgleichheit in der Verfassung verankert, und 1958 trat das Gleichberechtigungsgesetz in Kraft.

Die sogenannte «Neue Frauenbewegung» entstand aus der antiautoritären Studentenbewegung der 68er Jahre und war zunächst nicht gegen die allgemeinen gesellschaftlichen Benachteiligungen der Frauen gerichtet, sondern gegen die Kommilitonen, die zwar wortstark die Befreiung von den gesellschaftlichen Zwängen propagierten, aber ihr Verhalten gegenüber ihren Frauen und Freundinnen im täglichen Leben keineswegs zu ändern gewillt waren. Man beschäftigte sich mit der Frage, ob wirklich nur die Frauen für die Kinder verantwortlich sind und ihretwegen ihre eigene Entwicklung zurückstellen müssen, und dem Versuch, aus dem weiblichen «Rollenklischee» auszubrechen. Der Abtreibungsparagraph wurde erneut Gegenstand heftiger Auseinandersetzungen. Es ging um die Zerschlagung der Familie und die Revolutionierung der Erziehung.

Teile der Frauenbewegung radikalisierten sich zum Neofeminismus mit dem Ziel, die Herrschaft keineswegs nur mit den Männern zu teilen, sondern sie ihnen aus der Hand zu nehmen. Mit den verschiedensten Projekten – Frauenzeitschriften, Frauenbuchläden, Frauenverlagen, Frauenkneipen, Frauenhäusern – entstand eine Art Frauensubkultur, bis hin zu grotesken Auswüchsen wie z. B. der «Thealogie», der weiblichen Theologie.

Trotz dieser vielfältigen Aktivitäten sind heute viele Frauenrechtlerinnen von Resignation ergriffen, weil die gewünschten Erfolge sich so langsam einstellen. Dies hängt unter anderem damit zusammen, daß nie Einmütigkeit unter den Frauen bezüglich ihrer Zielsetzungen vorhanden war. Wie könnte das auch anders sein in einer Zeit, in der die Einstellung zu den Lebensfragen eben gerade nicht durch das Geschlecht, sondern durch die Individualität bestimmt wird?

Dennoch kann man von bedeutenden Erfolgen sprechen, die über die äußerlich aufzählbaren hinausgehen. Wie schon anfangs erwähnt wurde, hat sich das Lebensgefühl, die Art der Auseinandersetzung mit Beruf, Ehe und Mutterschaft in den letzten Jahrzehnten außerordentlich geändert. Die Frage, ob die Frau grundsätzlich fähig oder unfähig zur Berufsarbeit oder zum öffentlichen Auftreten sei, ist keine mehr. Viele Frauen haben gezeigt, daß es möglich ist, beides, Beruf und Familie, zu vereinigen. Inzwischen hat man aber auch festgestellt, daß das einen Krafteinsatz bedeutet, der wohl zeitweilig, nicht aber auf die Dauer erbracht werden kann, und das sowohl physisch als vor allem auch seelisch. Oft haben die berufstätigen Mütter ihren Kindern gegenüber irgendwie ein schlechtes Gewissen. Daher zeichnet sich im Augenblick wieder vermehrt der Trend zur Rückkehr ins Haus ab. Betty Friedan, deren Buch über den «Weiblichkeitswahn» seinerzeit besonders in Amerika viel Staub aufgewirbelt hat, spricht jetzt vom «zweiten Schritt», der wieder nach der Rolle der Familie im Leben der Gesellschaft fragt.[6]

Eine «Rückkehr» gibt es natürlich nicht. Es ist in der Tat durch den Wind der 68er-Bewegung alles, was an Traditionen, Konventionen, bürgerlichen Moralvorstellungen und damit auch religiösen Grundsätzen bezüglich Ehe und Familie noch in den fünfziger Jahren vorhanden war, weitgehend weggefegt worden. Die Familien sollten zertrümmert werden. Sie *sind* zertrümmert worden in einem Ausmaße, daß oft die Mehrheit der Schüler einer Klasse nicht aus intakten Familien kommt. Im sozialen Leben ist nichts mehr selbstverständlich, alles muß neu durchdrungen werden. Aber natürlich trägt jeder einzelne durch seine Erziehung auch noch viele unreflektierte traditionelle Verhaltensweisen mit sich. Diese mischen sich chaotisch mit willkürlichen Einfällen und mit Suggestivvorschlägen seitens der Psychologie, die als Religionsersatz autoritative Ansprüche geltend macht.

Äußere Freiheiten sind geschaffen worden: Man kann zusammenleben, ob man verheiratet ist oder nicht, Männer dürfen die Haare lang tragen, und man kann in jeder beliebigen Kleidung ins Theater gehen. Es zeigt sich aber immer deutlicher, daß die eigentliche Freiheit im Innern liegt. Hat man nicht die innere Freiheit erworben, so wirkt die Jeansmode ebenso zwanghaft wie die mit Frack und Melone, das Zusammenleben ohne Ehe ebenso hausbacken wie das der verheirateten Großeltern, und das Alternative wird zur üblichen «Verhaltensweise».

Das soziale Chaos der Gegenwart birgt eine große Chance in sich. Aus all den Unsicherheiten, die es mit sich bringt, können neue Gestaltungen hervorgehen, wenn die Gelegenheit ergriffen wird. Das ist keine Frauenfrage, sondern eine Menschenfrage. In unserer Zeit hat nichts mehr Tragekraft, was einfach aus der Vergangenheit übernommen wird. Dennoch können wir uns nicht so verhalten, als finge die Welt mit uns erst an. Erst ein Bewußtsein von unserer historischen Vergangenheit läßt uns unsere eigene Position im Strom der Entwicklung finden.

Ileana Simziana

Ein rumänisches Märchen erzählt von einer Königstochter, die in Männerkleidung beim Kaiser Kriegsdienst tut, weil ihr Vater keinen Sohn hat. Der Kaiser gibt ihr die schwersten Aufgaben, die sie aber alle bewältigt. Sie holt ihm sogar Ileana Simziana, die Schönste der Schönen, herbei. Bei der nächsten Aufgabe aber, das Taufbecken von jenseits des Jordans zu holen, wird sie von dem dort wachenden Einsiedler verflucht: «Wenn du ein Mann bist, so werde Frau! Wenn du eine Frau bist, so werde Mann!» Da tritt ein Geschlechtswechsel ein.

Sie kehrt heim, und nachdem der Kaiser umgekommen ist, begehrt Ileana Simziana, ihren schönen Befreier zu heiraten. Dieser nimmt die Werbung an mit den Worten: «Ich nehme dich schon, wenn du mich erwählst, aber wisse, daß in meinem Hause der Hahn kräht und nicht die Henne!»

Die Entgöttlichung der Natur

Erstaunte euch nicht auf attischen Stelen die Vorsicht
menschlicher Geste? war nicht Liebe und Abschied
so leicht auf die Schultern gelegt, als wär es aus anderm
Stoffe gemacht als bei uns? Gedenkt euch der Hände,
wie sie drucklos beruhen, obwohl in den Torsen die Kraft steht.
Diese Beherrschten wußten damit: so weit sind wir's,
dieses ist unser, uns *so* zu berühren; stärker
stemmen die Götter uns an. Doch dies ist Sache der Götter.

R. M. Rilke

Noch nie in der Geschichte der Menschheit hat man den menschlichen Körper so geistentblößt und seelenlos erlebt wie in unserem Jahrhundert. Jede Illustrierte zeigt, wie die Scheu vor der Nacktheit auf ein Minimum geschrumpft ist. Das ist nicht etwa ein Zeichen besonderer Natürlichkeit, sondern der Gegenschlag auf die jahrhundertelange Sinnenfeindlichkeit und Verteufelung des Leibes durch die Kirche. Bei den alten Griechen, bei den Naturvölkern finden wir noch ein «kindliches» Verhältnis zur eigenen Leiblichkeit. Kein Erwachsener unseres Kulturkreises kann seinen Körper so unbefangen zur Schau stellen wie ein Kind, denn dazu gehört ein gewisses Ausmaß von paradiesischer Unbewußtheit. Kleine Kinder sehen Geschlechtsmerkmale oder z. B. die Veränderung des Leibes ihrer Mutter während einer Schwangerschaft häufig erst, wenn man sie darauf aufmerksam macht. An diesem Aufmerksammachen läßt man es allerdings heute meist nicht fehlen.

Der Paradiesesmythos berichtet, daß Adam und Eva erst nach dem «Sündenfall» sahen, daß sie nackt waren, das heißt, sie waren in dem Augenblick zu einem helleren Bewußtsein, zu größerer Nüchternheit erwacht. Vorher waren sie bekleidet mit der «Aura» ihres geistigen Wesens, die der Urmensch hellsichtig wahrnehmen konnte. Die frühen Kulturen der Menschheit hatten zwar das Paradies schon verlassen, aber sie erlebten doch noch stark die seelische Ausstrahlung ihres Leibes. Diese wurde durch Gewänder nachgebildet, worin wir den primären Sinn der Bekleidung sehen können.

Nur wenn man Physisches als geistdurchdrungen ansieht, kann man die alten Gebräuche verstehen, die sogar die geschlechtliche Hingabe zum Opferdienst für die Götter machten: die sogenannte religiöse Prostitution. Hierbei waren persönliche Interessen ganz ausgeschaltet. Weder vor noch nach dem Geschlechtsakt durfte eine seelische Beziehung zu dem vollziehenden Priester vorhanden sein. Der sexuelle Tempeldienst vollzog sich bei herabgedämpftem Bewußtsein als Opfer an die Gottheit. Es war eine Art von Hingabe, durch die man sich aus der Einzelheit erlöst und in die göttliche Natur aufgenommen fühlte.

Auf der anderen Seite gab es auch in sehr früher Zeit schon die geschlechtliche Enthaltsamkeit als Mittel erhöhter geistiger Potenz, die dann im christlichen Mittelalter eine so große Rolle spielen sollte. Man wußte, daß in der Sexualität Kräfte verausgabt werden, die auch «gespart» und in anderen Bereichen eingesetzt werden können.

Bei Tacitus (ca. 55–120 n. Chr.) findet sich ein Bericht über uralte Mysteriengebräuche auf der Jütischen Halbinsel. Bei den dort lebenden Germanenstämmen durfte eine geschlechtliche Vereinigung nur während einer bestimmten Zeit im Frühjahr stattfinden im Zusammenhang mit kultischen Gebräuchen, durch die die Göttin Herta oder Nertus verehrt wurde.

Zu diesem Bericht des Tacitus führte Rudolf Steiner in einem Vortrag am 21. Dezember 1916 aus: «Dadurch, daß die Kräfte, die in eine solche geschlechtliche Verbindung hineingehen, in der ganzen übrigen Zeit für die Kraftentwicklung des Menschen aufgespart werden, wurde jene eigentümliche Stärke entwickelt, welche – wenigstens noch in den Nachklängen – Tacitus zu bewundern hatte.»[1]

Bei den genannten Feiern wurde das Bild der Göttin in einem mit Kühen bespannten Wagen herbeigebracht. Wenn die Kulthandlungen vollbracht, die Göttin «des Umgangs mit Sterblichen satt» war, wurde sie in ihr Heiligtum zurückgeführt. Hierauf wurden die Wagen, der Teppich und die Göttin selbst in einem verborgenen See gewaschen. Die Sklaven, die dabei Dienst taten, wurden sofort danach ertränkt, damit alles, was um diese Dinge wußte, in die Nacht des Unterbewußten hinabsinke. Die Menschen, die bei dieser Feier ihre Hochzeit begingen, erlebten die Empfängnis in einer Art Traumverkündigung. Die Heiligkeit des Vorgangs durfte nicht durch das profane Tagesbewußtsein getrübt werden.

Man muß sich wohl überhaupt vorstellen, daß geschlechtliches Zusammensein in diesen alten Zeiten in einem stark herabgedämpften Bewußtseinszustand, «im Schlafe» stattfand. Das Wort «Beischlaf» deutet noch darauf hin.

So ist auch die biblische Schilderung der «unbefleckten Empfängnis» Marias zu verstehen. Es wird hier nicht auf eine biologische Unmöglichkeit verwiesen (schließlich wird Josef ausdrücklich als Vater Jesu genannt), sondern auf einen Vorgang, der sich dem Wachbewußtsein der Maria vollständig entzogen hatte, etwas, was in Urzeiten das Normale gewesen war und in diesem Falle als Ausnahme noch einmal eintrat. Was Maria als Empfängnis erlebte, war die Engelverkündigung. Das heißt, sie nahm ein Ereignis wahr, das im Geistigen einer physischen Empfängnis entspricht.

Als die Eingeborenen Australiens von den Weißen «entdeckt» wurden, war man erstaunt, daß sie sich eine Empfängnis in der Art vorstellten, daß ein Mann eine Kinderseele träumen, auch ihren Namen vernehmen muß, und diese dann seiner Frau übergeben kann. Da nichts anderes berichtet wurde, glaubte man zunächst, die Australier wüßten nicht, wie Kinder «wirklich» gezeugt werden. In Wirklichkeit lebten diese Eingeborenen eben noch in einem ursprünglichen Zustand bildhaften Bewußtseins, das bei uns nur noch im Kindesalter anzutreffen ist.

In den alten Kulturen wußte man, daß die Kräfte, die hinter der Fortpflanzung stehen, die schaffenden Lebenskräfte, gewaltige sind. Die damit verbundenen Mysterien durften nicht ungestraft enthüllt und mißbraucht werden.

Damit hängt auch zusammen, daß der Eintritt in diesen Bereich oft mit sehr harten Willensproben verbunden war. Ulrich Mann berichtet in einem Aufsatz über das kretische «Stierspiel» zur Zeit der minoischen Kultur, also im 3. Jahrtausend v. Chr. Dabei ging es um eine Probe folgender Art: Junge Menschen aus königlichem Hause hatten sich vor ihrer ersten geschlechtlichen Vereinigung einer Prüfung zu unterziehen, dem «Stiersprung». Dabei wurde ein wilder Stier eine Rampe herabgejagt, das Mädchen lief ihm entgegen, ergriff seine Hörner, schwang sich daran in die Höhe und erreichte nach einem Salto den Boden hinter dem Tier, gerade rechtzeitig, um den ihr folgenden Jüngling auffangen zu können. Während dann das junge Paar im Palast den ersten Zeugungsakt vollzog, floß draußen das Blut des Stieres, der geopfert wurde. «Die jungen Menschen, die nach dem Stiersprung die heilige Hochzeit vollzogen, hatten das Wesen des Eros kennengelernt... Sie wußten existentiell um die alles durchwaltende Macht des Eros, wußten, daß das Sein, schon das naturhafte Sein, Liebe ist, und also Gefahr, Drohung, und auch wieder beseligende Erfüllung durch alle Todesdrohung hindurch. Eins war ihnen von Stund an unmöglich: das Geschlechtliche als Mittel zum bloßen Genuß zu mißbrauchen, den Eros also wie auch den Geschlechtspartner zum bloßen Gegenstand zu erniedrigen, zu etwas, worüber man nach Belieben verfügen kann. Sie waren ein für allemal überwältigt durch die Übermacht des Eros, die dem Menschen als Urgewalt begegnet.»[2]

Wir sehen, daß das Geschlechtsleben, schon lange bevor es die Ehe als christliches Sakrament gab, von religiöser Seite her streng geregelt war. Zwar spielte es sich noch im Unindividuellen ab, aber es herrschte auch keine Beliebigkeit. Man unterwarf sich den von den führenden Persönlichkeiten gegebenen Regeln, denn man wußte, daß man, um seine Triebe ausleben zu dürfen, auch Beherrschung gelernt haben mußte.

Unsere Zeit setzt andere Akzente. Von Selbstbeherrschung ist relativ selten die Rede, wohl aber von Verkrampfung und Verdrängung. Die alte Weisheit, daß es den Willen stärkt, sich Dinge versagen zu können, ist unpopulär geworden. Statt dessen gehört zu jeder «Aufklärung» die Einführung in den Gebrauch von Verhütungsmitteln.

Die Naturreligionen zeigten größere Weisheit in der Handhabung des Willenslebens als wir. Sie wußten, daß in den Trieben elementarische Kräfte wirkten, die sie sogar als reale Wesen erlebten, und denen man sich nur in Vorsicht und mit Ehrfurcht nähern durfte. Dieses Wissen trat instinktiv in ihnen auf oder durch die Belehrung von großen Menschheitsführern. Die eigene Denkfähigkeit war noch wenig entwickelt.

Mit der langsamen Erhellung des menschlichen Bewußtseins wurden Geist und Natur immer stärker als gegensätzliche Kräfte angesehen. Zugleich tendierte man dazu, das Natürliche als minderwertig zu betrachten und zu unterdrücken. Dies zeigte sich auch auf dem Gebiet des Geschlechtslebens.

Führend auf diesem Wege war das alte Judentum. Es hatte weltgeschichtlich die Aufgabe, das Geistige abgelöst vom Natürlichen zu begreifen in einer Zeit, in der für die meisten Völker das Sinnliche noch durchschimmernd für Göttliches war. Der jüdische Gott ist unsichtbar und duldet es nicht, daß ein sinnliches Bildnis von ihm gemacht wird. So ist es verständlich, daß das Judentum auch mit wahrem Ingrimm gegen die religiöse Prostitution kämpfte. Mit Recht, denn deren Zeit war abgelaufen. Das Bewußtsein der Menschen hatte sich gewandelt.

Dennoch hatten auch noch in der jüdischen Kultur Ehe und Geschlechtsleben ein stark unpersönliches Element. Selbstverständlich wurden die Töchter nach dem Gutdünken des Vaters verheiratet und hatten sich darein zu fügen. Der Geschlechtsakt wurde vollzogen, um den Fortbestand der Sippe zu sichern, und fand somit seine Rechtfertigung ausschließlich in der Fortpflanzung. Dies hatte einen tiefen Sinn, ging es doch letztlich um den Stammbaum des Messias, der aus diesem Volke geboren werden sollte. Handlungen von Frauen aus dem Alten Testament wie Thamar und Ruth lassen sich nur im Lichte der messianischen Verheißung verstehen.[3] Thamar stellte sich, nachdem sie Witwe von zwei Söhnen des Juda geworden war, als Hure ihrem Schwiegervater in den Weg, um doch noch durch einen Mann dieses Geschlechts Mutter zu werden, was sie durch diese List auch erreichte. Auf ähnliche Art bot Ruth sich dem Boas an, dem nächsten Verwandten ihres verstorbenen Mannes.

Es ist verständlich, daß in einem solchen Weltbild auch die Polygamie einen Stellenwert hat. Wenn man den Sinn der Ehe in der Fortpflanzung sieht und dieser eine so hohe Bedeutung zukommt, so ist ein Mann, dessen Frau unfruchtbar ist, geradezu verpflichtet, eine zweite dazuzunehmen.

Mit der Idee des Christentums ist es hingegen verbunden, daß der Mensch als Einzelpersönlichkeit aufzufassen ist, unabhängig von seiner Stammeszugehörigkeit. Mit einer solchen Einstellung läßt sich Polygamie nicht mehr vereinbaren, die christliche Eheform ist daher von vornherein die Monogamie.

Die Überzeugung, daß die individuelle und einmalige Beziehung zweier Partner das Wichtigste sei, setzte sich allerdings nur langsam durch. Das mittelalterlich-asketische Ideal sah eine sittliche Rechtfertigung ehelichen Beisammenseins lediglich in der Zeugung von Nachkommenschaft. Dies war im Grunde genommen ins Christliche übernommene jüdische Sexualethik.

Noch vor zweihundert Jahren war die «Liebesehe» keineswegs üblich. Die Eltern oder sonstige Verwandte arrangierten die Ehen, die vor allem standesgemäß sein mußten. Sicher gab es auch immer wieder «romantische Liebe» und Auflehnungen gegen die Verfügungen der Eltern wie bei Romeo und Julia. Im allgemeinen aber ordnete man sich unter und fand in seinem Gemüte und in religiösen Vorstellungen Kraft, sein Schicksal auch in bezug auf das Eheleben hinzunehmen. Es gab dabei keineswegs mehr unglückliche Ehen als heute. Man sah in der Ehe mehr eine Versorgungsinstitution, und wenn man einen umgänglichen Ehepartner hatte und von Armut und allzu vielen Krankheits- und Todesfällen verschont blieb, so war Grund zur Zufriedenheit vorhanden und man konnte von «ehelichem Glück» sprechen.

Als dann zur Zeit der deutschen Klassik Dramen wie Schillers «Kabale und Liebe» erschienen, erregten sie großes Aufsehen, weil sie gegen diese Zustände rebellierten. Aber erst in dieser Zeit begann Bewußtsein dafür aufzudämmern, daß eine eheliche Verbindung ohne Liebe unwürdig sei.

Im orthodox jüdischen Lebensumkreis fand dieser Umschwung noch später statt, wie es sehr schön und rührend dargestellt ist in dem Musical «Anatevka» von Joseph Stein. Es spielt am Anfang unseres Jahrhunderts und stellt dar, wie der Milchmann Tewje, patriarchalisches Familienoberhaupt und Vater von fünf Töchtern, erleben muß, wie eine Tochter nach der andern «aus Liebe» heiraten will. Diese Neuigkeit ist für die Eltern schwer zu begreifen, ja sie fragen sich, was das wohl sei: «Liebe», aber schließlich bleibt ihnen nichts anderes übrig, als es zu akzeptieren.

Warum empfand man plötzlich, daß die Grundlage eines gemeinsamen Lebens die Beziehung von Seele zu Seele sein müsse und daß zu einer Eheschließung Liebe gehört?

Ein Grund dafür war der, daß der Mensch aus der Gruppenhaftigkeit herausgetreten war. Die Familien-, die Blutszusammenhänge trugen nicht mehr, daher konnte man keinen Sinn mehr darin sehen, sich lediglich zum Werkzeug des Fortbestandes einer Familie oder der Vermögensmehrung zu machen. Es gibt mehrere Erzählungen von Adalbert Stifter (1805–1868), in denen er versucht, eine Art von Brücke zu schlagen zwischen der alten und der neuen Anschauung. Er läßt dort Eltern die Verbindung ihrer Kinder planen, die aber keineswegs gezwungen werden sollen. Und dann will es das günstige Geschick, daß die betroffenen jungen Leute «zufällig» von Liebe zueinander ergriffen werden. «Der fromme Spruch» heißt die eine dieser Erzählungen, und der fromme Spruch, um den es sich handelt, lautet «Ehen werden im Himmel geschlossen». Das will man auch durchaus gelten lassen, aber schön ist es doch, dem Himmel ein bißchen dabei zu helfen! Hier mischen sich Stifters schöne Seelenhaftigkeit mit seiner realistisch-bürgerlichen Vernunft!

Kulturgeschichtlich kann man verfolgen, wie zunächst die Gründung der Ehe ganz auf den Boden zwischenmenschlicher Anziehungskraft gestellt und in verschiedenster Richtung idealisiert und romantisiert wurde, zugleich aber sich auch der Materialismus immer mehr ausbreitete. Somit kam man am Ende des 19. Jahrhunderts dazu, zwar die Liebesehe anzustreben, aber schließlich das Phänomen der Liebe ganz auf seinen physisch-körperlichen Aspekt zu reduzieren.

Die gedankliche Grundlage dafür findet man wiederum bei Freud, für den Liebe im Grunde genommen ein sexuelles Phänomen war: «Die Erfahrung, daß die geschlechtliche (genitale) Liebe dem Menschen die stärksten Befriedigungserlebnisse gewähre, ihm eigentlich das Vorbild für alles Glück gebe, müßte es nahegelegt haben, die Glücksbefriedigung im Leben auch weiterhin auf dem Gebiet der geschlechtlichen Beziehungen zu suchen, die genitale Erotik in den Mittelpunkt des Lebens zu stellen.»[4]

Was bei Freud *gedacht* wurde, wurde einige Jahrzehnte später *gelebt*, als die letzten Reste traditioneller Moral beseitigt waren. So kann man sagen, daß in gewisser Hinsicht der Mensch erst heute ganz aus dem Paradies herausgetreten, vollständig nackt geworden ist. Der Weg der Entgöttlichung des Natürlichen ist an ein Ende gekommen, und alles Weitergehen in dieser Richtung kann nur noch in die Perversion führen.

Schon Christian Morgenstern (1871–1914), Zeitgenosse Freuds, wandte sich mehrfach gegen diese Überbetonung des Sexuellen. «Man kann wohl sagen, daß das Geschlecht zwei Drittel aller möglichen Geistigkeit auffrißt», schreibt er in seiner Aphorismensammlung «Stufen» oder auch: «Und immer wieder komme ich darauf zurück, daß die Bewertung der geschlechtlichen Liebe unter uns Heutigen eine krankhafte Höhe erreicht hat, von der wir durchaus wieder heruntersteigen müssen.»

Aber gerade auf dem Wege der totalen Veräußerlichung wird heute mehr und mehr bemerkt, daß die Seele des Menschen mit einer solchen Auffassung in ihrem Egoismus vereinsamt und im Grunde genommen etwas ganz anderes sucht: die Liebe als das Bestreben, dem anderen Wesen zu begegnen und ihm in der eigenen Seele einen Raum zu schaffen.

Mysterium der Liebe

Das nämlich muß sie (meine Liebe) mir sein: Schicksal, nicht bloß mir selber – von mir selbst – Geschicktes. Das unabänderliche *Muß* muß ich fühlen und nicht bloß in Morgen- und Abendstunden der Sehnsucht.

Christian Morgenstern

Es ist eines der Wunder der Geschichte, daß im Mittelalter neben der kirchlichen Religiosität, die eigentlich das gesamte Geistesleben bestimmte, die wunderbare Blüte des Minnedienstes auftrat als eine Verinnerlichung und Sublimierung des Erotischen. Die Sehnsucht des Männlichen nach dem Weiblichen wurde hier nicht durch sexuelle Erfüllung, sondern durch Umsetzung in das dichterische Wort gefeiert. Zunächst wandte sich die Liebe und Verehrung selbstverständlich an die adlige verheiratete Frau. Die «frouwe» ist die Herrin, die Herrin des Ritters, aber auch die der Burg. Aber bereits bei Walther von der Vogelweide taucht der Gedanke auf, daß Charakter und edle Gesinnung bei einer Frau niederen Standes ebenso anbetungswürdig seien wie bei einer Adligen. Er erfindet das Wort «frouwelîn», was nicht die Bedeutung von «Fräulein» in unserem Sprachgebrauch hat, sondern die «kleine» Frau niederer Geburt bezeichnet.

Herzeliebez frouwelîn,
got gebe dir hiute und iemer guot.
kund ich baz gedenken dîn,
des hete ich willeclîchen muot.
waz mac ich dir sagen mê,
wan daz dir nieman holder ist?
owê, dâ von ist mir vil wê.

Sie verwîzent mir daz ich
sô nidere wende mînen sanc.
daz si niht versinnent sich
waz liebe sî, des haben undanc!
sie getraf diu liebe nie,
die nâch dem guote und nâch der schoene minnent;
wê wie minnent die?[1]

Dies ist ein Vorgriff einer Seelenhaltung, die eigentlich erst mit der Weimarer Klassik zum Durchbruch kam. Stimmungsmäßig erinnert es an die Liebeslyrik des jungen Goethe.

In den folgenden Jahrhunderten begann das Geschlechtliche aufs innigste mit dem Seelischen zu verwachsen. Es nahm die Gestalt ganz persönlicher Liebe an.

Gerade das, was bei der sakralen Geschlechtshandlung alter Zeiten das Wesentliche war, das Unpersönliche, wurde nun als unmoralisch, d. h. in den Bereich der Prostitution gehörig empfunden. Ich glaube, daß auch heute noch, trotz verschiedener anderer Zeittendenzen, viele Menschen – besonders Frauen – so erleben. Simone de Beauvoir, die sich in sexuellen Dingen ganz bewußt sehr frei verhielt, sagte in einem Interview: «Für mich gab es Sexualität immer nur in Verbindung mit leidenschaftlicher Liebe. War ich also bereit, eine Liebesbeziehung einzugehen, hatte ich auch sexuelle Empfindungen. War ich nicht verfügbar, hatte ich auch keine Sexualität.»

Frage: «Keine raschen Begierden? Keine kurzen Nächte, die mit irgend jemandem befriedigt wurden, egal mit wem?»

– «O nein, das nie! Das ist mir ganz, ganz fern. Vielleicht ist es puritanisch, vielleicht das Ergebnis meiner Erziehung. Aber wie auch immer: Es ist nie, nie passiert! Nicht einmal dann, wenn ich nichts laufen hatte, also eine Zeitlang ohne Sexualität war. Dennoch hätte ich niemals daran gedacht, mir einfach einen Mann zu suchen ...»[2]

Simone de Beauvoir ist eine moderne und emanzipierte

Frau. Sie sagte in dem Interview nicht, daß sie gelegentliche Liebesabenteuer ablehnt, lediglich, daß sie sich keine körperliche Beziehung ohne seelischen Anteil vorstellen kann.

Ihr Leben wiederum ist ein ganz eklatantes Beispiel dafür, daß für starke Individuen nur Monogamie möglich ist. Ihre Bindung an Jean-Paul Sartre, ohne Eheanspruch, ohne gemeinsame Wohnung, ohne Treuegelöbnis, war so stark und absolut, daß sie sich gegenseitig jede Freiheit gewähren konnten, in der sicheren Überzeugung, daß das ihrer eindeutigen Zusammengehörigkeit keinen Abbruch tun könnte.

Im rein Natürlichen, wie es im Tierreich ausgelebt wird, ziehen Männliches und Weibliches sich nur geschlechtlich an, ganz unabhängig vom Seelischen. Macht man eine seelische, eine Liebesbeziehung zur Voraussetzung, so steigt man auf die Stufe des Menschlichen, wo nicht «auf jeden Fall» Anziehung wirkt, sondern wo hinzukommt, daß zwei Schicksale zueinanderstreben. Das Schicksal als nicht von außen durch die Lebensumstände, sondern von innen durch seelisches Erleben Geschicktes sehen zu können, ist eine Entwicklungsstufe, die von der Menschheit erst seit wenigen Jahrhunderten erreicht worden ist. Es kann sich dieses innere Schicksalswahrnehmen sogar von dem spontanen Liebesempfinden lösen in der Art, daß man weiß: «Dieser Mensch ist mein Schicksal. Ich weiß, daß er zu mir gehört, sogar wenn es eintreten sollte, daß ich zeitweise einen anderen mehr liebe als ihn.» Man kann dieses Gefühl den «Schicksalsinstinkt» nennen, denn es kommt von innen aus den gleichen seelischen Tiefen wie das Instinktleben. Nicht immer ist dieses Gefühl so eindeutig wie bei Simone de Beauvoir. Es ist auch zu beobachten, wie es sich durch eine Vielheit von sexuellen Beziehungen abschwächen kann, da die körperliche Nähe und Vertrautheit leicht Irrtümer und Illusionen entstehen läßt. Das erzeugt oft große Unsicherheit: Wer ist es denn nun, der zu mir gehört? Das rasche Entstehen von intimen Beziehungen fördert nicht ein gründliches Kennenlernen, sondern kann es sogar verhindern.

Es muß nicht jede Beziehung zwischen Menschen verschiedenen Geschlechts etwas mit Sexualität zu tun haben. Das Seelenleben des Menschen ist im Laufe der Menschheitsentwicklung freier und beweglicher geworden. Das brachte die Möglichkeit zur Durchseelung des Sexuellen mit sich, das vielfältige Spiel im erotischen Bereich. Eros und Sexus gehören durchaus verschiedenen Welten an.

In der Literatur ist seit der Klassik eine unendliche Vielfalt von Liebesverhältnissen bis in immer größere seelische Feinheiten hinein geschildert worden. Man kann von einer «Verseelischung» des Menschen sprechen, die oft gerade durch den (vielleicht erzwungenen) Verzicht auf sexuellen Kontakt gefördert worden ist. Goethes Liebeslyrik bewegt sich ausschließlich in diesem Vorfeld. Man wirft ihm häufig die Anzahl seiner erotischen Beziehungen vor. Tatsache ist, daß er immer wieder zur Zurückhaltung gezwungen war – man denke nur an seine Liebe zu Lotte Buff, die verlobt, an Charlotte von Stein, die verheiratet war.

Die Zeit der Romantik brachte das wunderbar zarte und tiefe Verhältnis von Novalis und seiner Braut Sophie, die 15jährig starb. Was hier erlernt wurde in der Beziehung zu einem Kinde und später zu einer Verstorbenen, durchdrang und verklärte seine gesamte Dichtung und auch seine erotische Phantasie.

Erinnern wir uns auch an Adalbert Stifter, dem es versagt blieb, das Mädchen, das er liebte, zu heiraten, und der dann neben seiner bürgerlichen Ehe, die ihn unerfüllt ließ, immer das Wunschbild später Erfüllung hegte. Das befähigte ihn dazu, eine so schöne und reife Darstellung einer Altersliebe zu geben wie in seiner Novelle «Brigitta», wo zwei Menschen, die sich in ihrer Jugend liebten, aber vom Schicksal auseinandergetrieben wurden, im Alter noch, ohne die Irritation der

Sexualität, zu einem sich gegenseitig befruchtenden Zusammenwirken kommen. Ein ähnliches Bild, das einen ganz eigenen Zauber hat, entwirft er in seinem Roman «Der Nachsommer».

So könnte man fortfahren und Beispiele bringen bis in unser Jahrhundert, wo das Thema der verzichtenden Liebe öfters so gewendet wird, daß ein Vielerlei sexueller Erlebnisse immer wieder Enttäuschungen brachte und nun Zurückhaltung geübt wird, um das seelische Vorfeld ganz zu durchmessen. Ich denke hier z. B. an die sehr sensible Kurzgeschichte von Katherine Mansfield (1888–1923) «Psychologie»[3]. Sie schildert zwei Freunde, einen Mann und eine Frau, wie sie sich treffen zu einem Teestündchen und dabei eifrig über Literatur diskutieren. Sie verstehen sich so gut, sie können vollkommen offen und aufrichtig miteinander sprechen. «Und das Beste dabei war, daß sie beide alt genug waren, ihr Abenteuer voll zu genießen, ohne irgendwelche dumme Gefühlsverwicklungen. Leidenschaft hätte alles verdorben; das sahen sie ganz deutlich. Übrigens lag alles dergleichen längst hinter ihnen – er war einunddreißig, sie dreißig –, beide hatten sie ihre Erlebnisse gehabt, und die waren sehr reichhaltig und verschieden gewesen; nun aber war es Zeit für die Ernte.»

Aber während ihres Gesprächs schleicht sich plötzlich ein Schweigen zwischen sie, ein Schweigen, in dem sich vieles verbirgt, das bis zum Rande gefüllt ist mit Unausprechlichem. «Sie stockten, suchten nach Worten, konnten nicht weiter, verstummten. Wieder waren sie sich des grenzenlosen fragenden Dunkels bewußt. Und hier waren sie wieder – zwei Jäger, über ihr Lagerfeuer gebeugt, die plötzlich aus dem Dschungel drüben einen Windstoß hören und einen lauten, fragenden Ruf...»

Sie wissen, daß ihre kostbare Freundschaft in Gefahr ist. Sie wollen sich nicht einfach ergeben und sehen, was geschieht. Und so kommt es zu einem plötzlichen Aufbruch und Abschied. Ist nun alles aus? – Zunächst scheint es so, die Geschichte endet sehr offen, und dennoch wird deutlich, wie das unausgelebte Liebesgefühl sich auf eine neue Stufe erhebt, verwandelt.

Wir sind oft sehr plump, sehr wenig subtil im Beobachten von feinen seelischen Prozessen. Wir sollten aber die Eroberungen, die auf diesem Gebiet durch die Literatur seit der klassischen Zeit gemacht worden sind, nicht ungenutzt lassen und als «romantisch» abtun, sondern als Schritte zur Befreiung vom Triebleben ansehen. «Es ist Zeit für die Ernte.»

Sollen nicht endlich uns diese ältesten Schmerzen
fruchtbarer werden? Ist es nicht Zeit, daß wir liebend
uns vom Geliebten befrein und es bebend bestehn:
wie der Pfeil die Sehne besteht, um gesammelt im Absprung
mehr zu sein als er selbst. Denn Bleiben ist nirgends.

So fragt Rilke in seinen Duineser Elegien. Er spricht auch von «jenen Verlassenen, die du so viel liebender fandst als die Gestillten». Liebe will in Einsamkeit gelernt werden. Nur im Alleinsein kann man seine Seelenkraft konzentrieren und stärken zur höchsten Leistung einer Liebe.

«Aber wie sollten die, die sich schon zusammengeworfen haben und sich nicht mehr abgrenzen und unterscheiden, die also nichts Eigenes mehr besitzen, einen Ausweg aus sich selbst heraus, aus der Tiefe der schon verschütteten Einsamkeit finden können? Sie handeln aus gemeinsamer Hilflosigkeit, und sie geraten, wenn sie dann, besten Willens, die Konvention, die ihnen auffällt (etwa die Ehe), vermeiden wollen, in die Fangarme einer weniger lauten, aber ebenso tödlichen konventionellen Lösung; denn da ist dann alles, weithin um sie – Konvention; da, wo aus einer früh zusammengeflossenen, trüben Gemeinsamkeit gehandelt wird, ist jede Handlung konventionell: jedes Verhältnis, zu dem solche Verwirrung führt, hat seine Konvention, mag es auch noch so ungebräuchlich (d. h. im gewöhnlichen Sinn unmoralisch) sein; ja, sogar Trennung wäre da ein konventioneller Schritt, ein unpersönlicher Zufallsentschluß ohne Kraft und ohne Frucht.» [4]

Es braucht Abstand, um wahrzunehmen, was das Schicksal mit uns will. Das Leben ist kompliziert geworden. Wir sind auf die vielfältigste Weise schicksalsmäßig miteinander verwickelt. Eine Trennung ist allerdings nur dann bewußtseinsbildend, wenn man sie als Verlust erlebt, nicht, wenn man den andern aus dem Bewußtsein auslöscht. Die Prüfung, *was* man vermißt, wenn man getrennt ist, kann viel über das Wesen einer Freundschaft aussagen.

Ein echtes Problem ist, daß sehr häufig eine seelische Anziehung mißverstanden und zu rasch ins Physische hinuntergedrückt wird. Vielfalt im Seelischen ist voll berechtigt. Wenn man glaubt, sie auch physisch ausleben zu müssen, ist etwas zu tief hinuntergerutscht. Das macht dann jede dauerhafte Bindung unmöglich und kann zu bedauernswerten menschlichen Tragödien führen, wie man es z. B. an der eingangs erwähnten Biographie der Franziska von Reventlow ersehen kann.

Es ist ein Trend unserer Zeit, entweder sehr rasch zum sexuellen Kontakt überzugehen oder die Beziehung ganz im Sachlich-Geschäftsmäßigen zu belassen. Darin liegt eine gewisse Phantasielosigkeit. Die vielen Zwischenmöglichkeiten sind noch längst nicht ausgeschöpft.

Es gibt so viele Möglichkeiten zur Gemeinsamkeit, zum Pflegen rein seelisch-geistiger Beziehungen, auch zu Menschen des anderen Geschlechts. Das Leben kann dadurch außerordentlich bereichert werden. Schließlich sind wir in erster Linie Menschen und erst in zweiter Geschlechtswesen.

Daß man immer wieder nach neuen Beziehungen strebt, von denen man erhofft, daß sie das bieten, worin die früheren enttäuschend waren, mag mit einer Not unserer Zeit zusammenhängen, nämlich einer Art von Gebrochenheit des Gefühlslebens. Die Ursache dafür liegt wohl darin, daß man es nicht ertragen würde, alle Dinge, von denen wir durch ein ständiges Berieseltwerden von Eindrücken und Informationen wissen, gefühlsmäßig zu begleiten. Man schützt sich dagegen, indem man sich innerlich abkapselt. Das Ergebnis ist Gefühlsschwäche als Zeitkrankheit. Goethe konnte sich noch voll und ganz der Beglückung durch die Liebe hingeben, ebenso allerdings den damit verbundenen Schmerzen. So gründlich leiden wie der junge Werther können wir wohl kaum noch.

Zur «romantischen» Liebe sind wir nicht mehr sehr begabt, aber wir haben eine neue Fähigkeit erworben: den inneren Abstand von uns selbst, so daß wir uns gewissermaßen wie von oben beim Fühlen zuschauen können. Indem dies bewußt geübt wird, können im Gefühlsverhältnis der Menschen zueinander neue Schritte getan werden.

Hierzu gehört auch, zu beobachten und zu akzeptieren, daß männliches und weibliches Fühlen verschiedene Qualitäten hat. Das seelische Erleben der Frau ist zweifellos in sich differenzierter als das des Mannes. Darin liegt manchmal eine Quelle der Enttäuschung für sie. Andererseits kann es unerträglich sein, wenn weibliche Seelenhaftigkeit in Abgeschlossenheit für sich alleine wirkt. Es gibt Schriftstellerinnen, in deren Romanen wir zwar genauestens über alle beglückenden, quälenden, enttäuschenden Einzelheiten im Seelenleben der liebenden Frau ins Bild gesetzt werden, wohingegen die notwendigsten äußeren Informationen über die Lebensumstände des geliebten Mannes fehlen.

Die schönsten Schilderungen weiblichen Innenlebens stammen immer noch von Männern. Wahrscheinlich liegt das daran, daß der Mann gerade durch seine mehr auf das Äußerliche gerichtete Betrachtungsweise – auch das Innenleben der Frau ist für ihn ein Äußerliches – die Dinge klarer schildern kann als eine Frau, die zwar sensibel empfindet, aber in sich selbst befangen bleibt.

Eine Frau hat die Neigung, ein Gefühlsverhältnis zu überhöhen, und in Wirklichkeit das Idealbild des Mannes zu lieben, das in ihrer eigenen Seele lebt und dem tatsächlichen Mann nur teilweise entspricht. So kann sie auch, wenn sie sehr liebt, sich großen Illusionen hingeben. Sie liebt dann etwas Ideelles, kann es aber nicht mit der Wirklichkeit in Zusammenhang bringen.

Es ist eine feine und treffende Zeichnung des Weiblichen, die Thornton Wilder (1897–1975) mit seiner Alkestis[5] gibt, die die große und eindeutig schicksalsgegebene Liebe des jungen Königs Admetos zunächst nicht erwidern kann, weil sie mehr als ihn den Gott Apollo liebt. Priesterin des Gottes in Delphi zu sein, wäre ihre höchste Erfüllung. Aber er hat sie nicht zu diesem Dienst berufen. Vollends verwirrt ist sie, als ein Seher ihr kundtut, daß der Gott Apollo als ein Schweinehirt unter die Menschen gegangen sei. Welcher von den Schweinehirten ist es? – Allmählich dämmert ihr, daß der Gott sich auf alle Menschen verteilt hat, in sie eingegangen ist, so daß nun in jedem etwas Göttliches verborgen ist, in jedem, also auch in dem König Admetos. Erst jetzt, da sie das Göttliche durch das Sinnenfällige hindurch erkennt, wird sie fähig zu einer reichen, erfüllten Ehe.

Einer liebenden Frau wird alles unwichtig außer dem Gegenstand ihrer Liebe. Ihre Liebe ist sehr konzentriert, kann dadurch aber auch eng werden. Ein Mann wird, auch wenn er noch so stark liebt, nicht so leicht seine sonstigen Lebensaufgaben vergessen. Er lebt mehr nach außen gerichtet, identifiziert sich mit seinen Taten, seinen Leistungen. Man hat festgestellt, daß Männer viel mehr unter Arbeitslosigkeit leiden als Frauen. Sie fühlen sich durch die fehlende Leistung in ihrem Selbstwertgefühl beeinträchtigt. Eine Frau ist mehr nach innen gewendet, ruht mehr in sich selbst, und kann daher eine solche Situation leichter überbrücken.

Man darf deshalb nicht nur Ungerechtigkeit darin sehen, daß vom Mann im allgemeinen nicht verlangt wird, wegen seiner Liebe seinen Beruf aufzugeben. Da diese Notwendigkeit für die Frau öfter auftritt, meint man zunächst, daß für sie die Liebe ein tiefer eingreifendes Schicksal ist. Dies stimmt insofern, als es für sie weniger Ausweichmöglichkeiten gibt.

Empfunden wird die Schicksalhaftigkeit bei ernsthafter Liebe aber von beiden. Indem man den Weg der Liebe beschritten hat, merkt man, daß etwas eingreift, was über das nur menschlich Faßbare hinausgeht: entweder führt dieser Weg unter das Menschliche hinunter in die nur selbstbezogene Triebbefriedigung oder über es hinaus in Schicksalsnotwendigkeiten, von denen es kein Zurück gibt, wie es Rilke in seinem Gedicht «Eros» ausdrückt:

Masken! Masken! Daß man Eros blende.
Wer erträgt sein strahlendes Gesicht,
wenn er wie die Sommersonnenwende
frühlingliches Vorspiel unterbricht.

Wie es unversehens im Geplauder
anders wird und ernsthaft... Etwas schrie...
Und er wirft den namenlosen Schauder
wie ein Tempelinnres über sie.

O verloren, plötzlich, o verloren!
Göttliche umarmen schnell.
Leben wand sich, Schicksal ward geboren.
Und im Innern weint ein Quell.

Das Schicksal, das schließlich in dem gemeinsamen Kinde Gestalt annehmen kann, fordert vom Manne eine Zentrierung seiner nach außen gerichteten Kräfte, von der Frau eine Erweiterung ihrer seelischen Zusammengezogenheit in einen größeren Umkreis hinein. Auf die Art können entgegengesetzte Kräfte in einem gelungenen Zusammenleben harmonisiert werden.

Mysterium der Liebe

Aus zartem Spiel wird ehernes Geschehen.
Der Weg wird immer schmäler, den wir gehen.
Der Zauber, der uns groß und frei gemacht,
Bald herrscht er über uns wie Tag und Nacht.
Oft schaudern wir vor allzu sichrem Glück,
Wir wünschen uns ins Keimgefühl zurück,
Aus dem die ersten klaren Freuden quollen –
Umsonst! Der Schrei des Werdens ist erschollen,
Und was wir auch an Himmelshauch empfangen,
Erbittert und ergänzt nur das Verlangen.
Oft auseinander sehn wir uns getrieben,
Verwechselnd, ob wir hassen, ob wir lieben.
Schmerzende Worte müssen wir uns sagen,
Um unser wahres Leben zu erfragen.
Aus Liedern raunt ein rätselhaft Verbot:
Wer um die Wollust wirbt, erwirbt den Tod.
Uns aber schreckt nicht mehr die dunkle Kunde,
Stehn wir doch längst mit Blutsgefahr im Bunde!
O Tod, wir Liebenden durchschaun dich gut,
Wir sehn den Stern, der in dir kreist und ruht!
Doch dann, wenn wir hinflutend uns vereinen,
Den schönen Stern schon zu berühren meinen,
Stürzt er samt unsrer Lust hinaus ins Nichts,
Dann trauern wir, verhüllten Angesichts –
Geliebte, komm! Wir wollen Größeres wagen,
Voll Todeslust den Stand der Welt zerschlagen!
Verschütten wir der Sehnsucht letzte Furt,
Entschlummern wir zu reiferer Geburt
Und wachen auf im höchsten Lebenstraum,
Da bleibt für flüchtige Zeugungen kein Raum.
Das Ewige klang. Durchstoßen ist das Ei,

Klar liegt ein Weg zu neuer Küste frei.
Da gilt ein Werk. Drin wandeln wir uns groß
Vom allzu Dumpfen des Geschlechtes los,
Da werden wir, o liebendste der Frauen,
Am Urdom bauend, herrlich uns erbauen.
Das Tor des Werdens, weit ists aufgetan.
Jetzt fängt sich Eros zu verkörpern an.
Tief schwingen sich, durchdringen sich die Kreise,
Das reiche Leben will sich selbst beerben,
Will ins Geliebte frei hinübersterben
Und auferstehn zu einer neuen Weise.

Hans Carossa
(1878–1956)

Von der Dauer einer Lebensgemeinschaft

Was paßt, das muß sich ründen,
was sich versteht, sich finden,
was gut ist, sich verbinden,
was liebt, zusammensein.
Was hindert, muß entweichen,
was krumm ist, muß sich gleichen,
was fern ist, sich erreichen,
was keimt, das muß gedeihn.

Gib treulich mir die Hände,
sei Bruder mir und wende
den Blick vor deinem Ende
nicht wieder weg von mir.
Ein Tempel – wo wir knieen,
ein Ort – wohin wir ziehen,
ein Glück – für das wir glühen,
ein Himmel – mir und Dir.

Novalis

Das Widersprüchliche in einer Liebesbegegnung ist, daß die Höhepunkte wirklicher Erfüllung so kurz und flüchtig sind und doch dauerbegründend sein möchten. Warum ist das so? Ist es das, was Rilke über die Liebenden sagt:

Ich weiß,
ihr berührt euch so selig, weil die Liebkosung verhält,
weil die Stelle nicht schwindet, die ihr, Zärtliche,
zudeckt; weil ihr darunter das reine
Dauern verspürt. So versprecht ihr euch Ewigkeit fast
von der Umarmung …

Die meisten Menschen sind allerdings heute so nüchtern, daß nicht mehr allzuviel von der «Ewigkeit» der Liebe gesprochen wird. Und doch ist unser Lebensgefühl so, daß uns gerade das

Sinnliche das Gefühl der Wirklichkeit vermittelt und dadurch dauerhaft erscheint. So hat eine bis ins Physische gehende, d. h. geschlechtliche Verbindung, falls sie nicht nur Abenteuer ist und sein will, zunächst immer das an sich, daß man beieinanderbleiben und miteinander leben möchte. Vielleicht heute sogar noch mehr als früher, weil die Fähigkeit, eine Liebesbeziehung trotz äußerer Getrenntheit seelisch aufrechtzuerhalten, immer seltener wird.

Mit der Verwirklichung des Zusammenlebens tritt ein zwischenmenschliches Verhältnis bereits aus der Sphäre des Privaten heraus in den Bereich des sozialen Lebens. Man ist nicht allein auf der Welt, man benötigt Wohnraum, man wünscht, daß die Lebensgemeinsamkeit von den Mitmenschen respektiert wird, kurz, es wird eine Art von «sozialer Substanz» gebildet, ob das Zusammenleben die juristische Form einer Ehe hat oder nicht.

Wenn Freunde und Bekannte nun auf das Zusammensein hinschauen, so hat das durchaus eine Berechtigung und ist nicht bloße Neugierde. Die Beziehung, die man zu einem Menschen aufbaut, ist verschieden, je nachdem, ob es sich um einen «Einzelnen» handelt oder um den Partner eines anderen. Sie wird wiederum eine andere, falls die beiden sich wieder trennen. Vielleicht ist man mit einem der beiden enger befreundet. Darf man dann mit dem anderen nicht mehr verkehren? Solche und ähnliche Fragen können auftreten.

Im Mittelalter wurden, wie bereits ausgeführt wurde, die Sozialstrukturen durch die Kirche bestimmt. Diese forderte eheliche Treue, da die Ehe als Sakrament aufgefaßt wurde und daher unlösbar war. Rosa Mayreder (1858–1938) führt in ihrem Buch «Geschlecht und Kultur» (1923) [1] aus, daß die Kirche des Mittelalters, wie es ja an den Mönchsgelübden ersichtlich wird, das höchste Ideal des geistigen Menschen in der Askese sah. Dies wirkte sich auch auf die Einrichtung der Ehe aus: «Die Askese in ihrer absoluten Gestalt war keine Forderung an alle; innerhalb der gesteckten Grenzen aber war die bedingte in der Form der monogamen Ehe nicht weniger unerbittlich wie die absolute. Von dem Gelübde der unverbrüchlichen Treue in der Ehe gilt jedes Abweichen für ebenso schmachvoll und sündhaft, wie das Abweichen von dem klösterlichen Gelübde der unverbrüchlichen Enthaltsamkeit. Ausschließlichkeit des sexuellen Verkehrs zwischen den Ehegatten, unter allen Umständen, um jeden Preis, mit Hintansetzung jeder anderen Rücksicht, gehört zu den Fundamentalgesetzen der christlich-asketischen Ehe.»

Natürlich hielt man sich nicht immer daran. Die Geschichte des Mittelalters ist voll von Ehebrüchen. Dennoch galt als Prinzip, daß mit der Ehe Treue verbunden sein sollte, und ein Abweichen von diesem Prinzip war jedenfalls ein Makel.

Heutzutage wehrt man sich mit Recht gegen einen solchen von außen ausgeübten moralischen Druck. Die gesellschaftlichen, die traditionellen Stützen sind weggefallen. Daher sollten wir es für normal halten und nicht darüber klagen, daß so viele Ehen scheitern. Wenn es aber gelingt, eine Lebensbeziehung dennoch kraftvoll durchzutragen, so ist dies eine ganz persönliche Leistung.

Bei den jüngeren Leuten ist es schon recht üblich geworden, als Mann und Frau zusammenzuleben, ohne zu heiraten. Allerdings ist dies noch nicht sehr lange der Fall. Noch vor dreißig Jahren wäre es einfach daran gescheitert, daß man keine Wohnung bekommen hätte, ganz zu schweigen davon, daß ein Mädchen, das etwas auf sich hielt, sich nicht zum «Konkubinat» hergab.

Kein Mensch *muß* heute eine Ehe schließen. Selbst die Schwangerschaft der Frau ist an und für sich kein triftiger Grund mehr. Zwar hat es eine alleinstehende Mutter nicht leicht, aber sie und ihr Kind sind nicht gesellschaftlich diffamiert, wie das früher der Fall war.

Die geschilderte Entwicklung ist nur zu begrüßen. Es kann

ja nicht von individueller Freiheit die Rede sein, solange man juristisch, wirtschaftlich, gesellschaftlich oder moralisch zu bestimmten Lebensweisen gezwungen wird.

Gibt es denn unter diesen Umständen irgendwelche Gründe, auch dann noch zusammenzubleiben, wenn im gemeinsamen Leben Schwierigkeiten auftreten? Mit anderen Worten: Ist eheliche Treue eine Tugend, die auch heute noch relevant ist?

Dr. Ruth Westheimer, Sexualaufklärerin in den USA, äußerte sich in einem Interview folgendermaßen: «In der heutigen Gesellschaft ist es nicht so einfach, eine absolut zuverlässige und treue Beziehung ein Leben lang aufrechtzuerhalten. Wo es klappt, ist es wunderschön, und ich möchte allen Leuten eine solche Partnerschaft von Herzen wünschen. Falsch wäre es, absolute Treue vorzuschreiben. Man kann sich in seinem eigenen Leben für die Verwirklichung einer absolut treuen Partnerschaft einsetzen, aber man darf die Einhaltung dieses Ideals nicht als Lebensprinzip aller anderen fordern. Überdies wäre das eine völlig unrealistische Forderung.»

Sehr interessant, da aus keinem Moralprinzip, sondern lediglich aus gesundem Menschenverstand entspringend, ist ihre folgende Äußerung: «Die meisten Leute, ob jünger oder älter, wünschen sich nur einen einzigen Lebenspartner oder nur eine einzige Lebenspartnerin. Ich glaube kaum, daß es einen ursprünglichen Wunsch nach mehreren Partnerschaften zur gleichen Zeit oder hintereinander gibt.»

Diese Feststellung ist sehr bemerkenswert. So wie in dem Augenblick, als die Theologen sich außerstande sahen, noch an ein Leben nach dem Tode zu glauben, von medizinischer Seite plötzlich festgestellt wurde, daß es, einer Fülle von Patientenberichten zufolge, doch ein solches geben müsse, so stellt nun, da von der Kirche keine Treueforderung mehr ausgehen kann, die Sexualwissenschaft fest, daß die meisten Menschen sich keineswegs mehrere Partner wünschen, und zwar nicht aus Moral, sondern aus einem natürlichen Gefühl heraus.

Daß Polygamie eine für den modernen Menschen nur schwer erträgliche Lebensform ist, wird in einem vor wenigen Jahren auf deutsch erschienenen Büchlein menschlich sehr ergreifend beschrieben. Es heißt «Ein so langer Brief»[2] und ist von Mariama Bâ, einer Afrikanerin aus Senegal. Zivilisatorisch lebte sie in ganz ähnlichen Verhältnissen wie wir (Auto, Kühlschrank usw.). Sowohl sie als auch ihr Freund studierten. Sie liebten einander und heirateten, sobald es möglich war. Dann bauten sie sich ein Haus und hatten viele Kinder.

Später verliebte der Mann sich in eine Freundin seiner Tochter, und da die Senegalesen Mohammedaner sind, stand für ihn nichts im Wege, auch diese zu heiraten. Er erwarb ein weiteres Haus, in das er mit seiner jungen Frau zog. Dies ist dort ganz legitim. Eine Scheidung ist nicht nötig, vielmehr wechseln viele Männer nächteweise bei ihren verschiedenen Frauen ab. In diesem Fall geschah das nicht. Die erste Frau, zutiefst verletzt, hätte ihn auch nicht angenommen:

«Und wenn man bedenkt, daß ich diesen Mann leidenschaftlich geliebt habe, daß ich ihm dreißig Jahre meines Lebens geopfert habe, daß ich ihm zwölf Kinder geboren habe. Es hat ihm nicht genügt, meinem Leben eine Rivalin zuzugesellen. Als er eine andere liebte, hat er zugleich seine Vergangenheit moralisch und materiell ausgelöscht.»

Jahrhundertelang haben Afrikanerinnen die Polygamie akzeptiert. Warum jetzt nicht mehr?

Darum, weil auch dort die Frauen zu ihrer selbständigen Ichhaftigkeit aufgewacht sind und in einer Ehe die Beziehung von einer Individualität zur anderen sehen. Daher fühlen sie sich durch Untreue im innersten Wesenskern verraten.

Treue ist kein Gefühl, sondern das verantwortungsvolle Verhältnis von Ich zu Ich.

Dennoch ist gegenwärtig auch ein starker Trend vorhanden,

die Pluralität der intimen Liebesbeziehungen zur üblichen Verhaltensweise zu machen. Man hält es für normal, daß man sich bei räumlicher Trennung eine andere Freundin, einen anderen Freund sucht, wenigstens für die Zwischenzeit. Man muß durchaus damit rechnen, daß man nur durch seine Anwesenheit eine Beziehung aufrechterhalten kann. Diese Entwicklungstendenz ist ganz außerordentlich bedauerlich und resultiert aus der einseitig materialistischen Auffassung von Liebe.

Eine sexuelle Beziehung ist selbstverständlich bei Abwesenheit des Partners nicht möglich, somit auch kein «Lustgewinn», die seelische hingegen kann sich in solchen Zeiten in schönster Weise entwickeln und vertiefen, eine Chance, die man sich selbst abschneidet, wenn man sich für die Zwischenzeit «Ersatz» sucht. Man bringt sich um einen seelischen Reifungsprozeß, der darin besteht, sich zu prüfen, ob man in dieser Beziehung eigentlich nur in egoistischer Weise etwas für sich selbst gesucht hat, oder ob man von wirklicher Liebe, das heißt von selbstlosem Interesse für diese ganz bestimmte Persönlichkeit erfüllt ist.

Natürlich ist es unrealistisch, von einem anderen Treue zu verlangen. Aber dort, wo man liebt, erwartet man sie dennoch unwillkürlich. Kann man denn jemandem vertrauen – dies Wort ist mit der Treue sprachverwandt –, auf dessen Treue man sich nicht verlassen kann? Muß in einem solchen Fall nicht immer ein leises Mißtrauen in irgendeinem Seelenwinkel lauern? Es gibt viele junge Menschen, die durch eine solche Situation sehr verunsichert sind.

Im Hintergrund steht eine falsche Auffassung von Freiheit, nämlich die Verwechslung von Freiheit mit Beliebigkeit. Man möchte sich gern alle Möglichkeiten offenlassen, feste Entscheidungen vermeiden, weil diese binden. Man möchte die Konsequenzen der eigenen Handlungen nicht tragen. Entscheidungsfreiheit ist schwer auszuhalten. Erst wenn man sie hat, bemerkt man die eigene Schwäche und Unsicherheit. Ein

Mensch, der zu etwas gezwungen wird, kann sich über denjenigen beklagen, der den Zwang ausübt. Die Verantwortung für eigene Entscheidungen fällt auf einen selbst zurück. Das zu ertragen, erfordert ein ziemliches Maß an Ichstärke. Wir wissen heute alle, daß wir frei sein wollen, aber die wenigsten wissen etwas damit anzufangen. Das gilt auch für die Frauenemanzipation.

Es gibt wohl kaum jemand, der den Gedanken der Freiheit so präzise und in solcher Konsequenz gefaßt hat wie Rudolf Steiner in seinem 1894 erschienenen Buch «Die Philosophie der Freiheit». Für ihn ist eine Handlung nur dann frei, wenn das Motiv dafür selbständig im Innern eines Menschen gegriffen wurde, nicht, wenn er in irgendeiner Weise fremdbestimmt ist, und sei es durch angelernte Vorstellungen von Moral:

«Wer nur handelt, weil er bestimmte sittliche Normen anerkennt, dessen Handlung ist das Ergebnis der in seinem Moralkodex stehenden Prinzipien. Er ist bloß der Vollstrecker. Er ist ein höherer Automat. Werfet einen Anlaß zum Handeln in sein Bewußtsein, und alsbald setzt sich das Räderwerk seiner Moralprinzipien in Bewegung und läuft in gesetzmäßiger Weise ab, um eine christliche, humane, ihm selbstlos geltende, oder eine Handlung des kulturgeschichtlichen Fortschritts zu vollbringen.» «Frei ist der Mensch, insofern er in jedem Augenblick seines Lebens sich selbst zu folgen in der Lage ist. Eine sittliche Tat ist nur *meine* Tat, wenn sie in dieser Auffassung eine freie genannt werden kann.»

Rudolf Steiners Buch, vor hundert Jahren geschrieben, hat in seiner Grundidee an Aktualität nichts eingebüßt, vielleicht sogar gewonnen. Er nennt den Quell, aus dem die Handlungsmotive des modernen Menschen zu schöpfen sind, die «moralische Intuition». Sie setzt die Einsicht voraus, in welche objektiven Lebenszusammenhänge die Handlung hineingestellt wird.

Daß hierbei in gar keiner Weise eine Beliebigkeit gemeint ist, zeigt ein Brief, den er dreißig Jahre später (1913) auf die Frage, ob die Ehe sich nicht in einer Krisensituation befände, geschrieben hat. Zunächst führt er aus, wie man sich durch die Eheschließung in ein soziales Ganzes im weitesten Sinne einfügt. Dann fährt er fort:

«Daher ist jede Diskussion über die Ehefrage unmöglich, wenn nur die individuellen Interessen der Eheschließenden in dieser Frage einbezogen werden. Die sozialen Zusammenhänge aber werden z. B. ein Interesse daran haben müssen, daß die Ehe, die ihrem Wesen nach so eng mit der Aufrechterhaltung dieser Zusammenhänge verbunden ist, als ein *stabiles* Verhältnis gelten könne, mit dem gerechnet werden kann, wenn es einmal besteht. Gewiß können die individuellen Interessen mit den allgemeinen in Konflikt kommen, die Lösung der Frage liegt aber dann doch darinnen, daß der einzelne seine Interessen nicht über diejenigen seines sozialen Zusammenhangs stellt. –»

Als nächstes kommt er darauf, daß, sobald Kinder da sind, die Ehefrage zur Familienfrage wird:

«Wer nun die Kräfte richtig beurteilt, welche von dieser Beziehung in der Gegenwart walten und wohl auch für eine ferne Zukunft walten werden, dem wird klar, daß mit dem Kinde, an dem des Mannes und der Frau Herzen in gleicher Weise hängen sollten, ein Band gegeben ist, das zurückwirkt auf die Stabilität der Ehe und diese zweifellos fordert. Etwas anderes aber kann ich in der modernen Ehefrage überhaupt nicht sehen, als die Frage nach größerer oder geringerer Festigkeit und Unauflöslichkeit des Bandes. Alle anderen Fragen gehen doch immer auf diese zurück, wenn man sich auch dessen nicht in allen Fällen bewußt ist. Und sobald die Ehe in ihren notwendigen Zusammenhang hineingestellt wird, zeigt sich, daß sowohl der soziale wie der Familienzusammenhang immer dazu zwingt, die Stabilität anzuerkennen, wie auch die persönlichen

Interessen zu anderen neigen mögen. In solchen Dingen kann der Mensch nicht nach individuellen Bedürfnissen Institutionen gestalten, er muß diese Institutionen dem Bestande des Ganzen anpassen.»

Zwar – so meint Rudolf Steiner – könne das Leben den Menschen in einen gewissen Gegensatz bringen zwischen dem Ganzen eines Zusammenhangs und dem individuellen Erleben.

«Was nun aus dieser Tatsache für viele Ehen folgt, hängt gar nicht von dem Wesen der Ehe ab, sondern von Dingen, welche außerhalb dieses Wesens liegen. Es können z. B. Ehen unglücklich verlaufen, aber dieses Unglück braucht gar nicht von der Ehe abzuhängen, sondern davon, daß der eine oder beide Gatten überhaupt nicht zur Verträglichkeit erzogen sind. Hier ergibt sich der Blick von einer einzelnen Institution auf die großen Geistes- und Kulturfragen der Gegenwart. Und solange diese in einem solchen Flusse sind wie gegenwärtig, führt die Erörterung einer Einzelfrage zu nichts Erheblichem. Eine Welt- und Lebensanschauung, welche den Menschen innere Ruhe und Harmonie gibt, wird ihre Wirkung auch auf die Ehe haben, und die Form der Ehe wird dann auf diese Wirkung gar nicht von Einfluß sein.» [3]

Es wirkt zunächst überraschend, daß hier weder psychologisch noch moralisch argumentiert wird. Die Gründe, die für eine Dauerhaftigkeit der Ehe sprechen, werden ganz und gar in der äußeren Welt aufgesucht, nämlich das Sich-Eingliedern in die menschliche Gesellschaft und das Erhalten des Familienzusammenhangs, bzw. die bestmögliche Sorge für die Kinder.

Insbesondere letzteres wird auch von vielen Zeitgenossen mit Eheproblemen sehr deutlich und oft quälend gesehen. Scheidungskinder tragen immer eine sehr große Belastung ins Leben hinein, die man durch vernünftige Übereinkünfte allenfalls mildern, niemals verhindern kann. In den Kindern nimmt das durch eine sexuelle Beziehung aufgerufene Schicksal Gestalt an, läßt sich nicht mehr rückgängig machen und ruft nach Dauer.

In einem Aufsatz über Sexualität vom rein biologischen Gesichtspunkt schreibt Prof. Friedrich Schaller über den «natürlichen Anspruch» eines Kindes auf zwei Eltern. Er betont, daß er nicht das «Recht» meint, sondern den «natürlichen Anspruch». Daraus folgt für ihn: «Wer Ehe nur für das private Anliegen zweier Geschlechtspartner hält, verkennt ihren sowohl biologisch als auch ethisch konstitutiven Charakter.»[4] Eine auffallende Ähnlichkeit zu Rudolf Steiners Auffassung der Ehe als sozialer Institution.

Es ist eine Kehrseite der Liebesehe, daß durch sie der Anspruch, der in eine eheliche Beziehung hineingetragen wird, so außerordentlich gestiegen ist. Sollte man im Zeitalter der Sachlichkeit nicht auch das menschliche Zusammenleben «bei aller Liebe» sachlicher betrachten können? Entstehen nicht viele Schwierigkeiten durch eine Gefühlsüberfrachtung, indem wir unseren Partner emotional einfach überfordern? Er soll uns helfen, uns glücklich machen usw. Wäre man vielleicht glücklicher ohne derartige Forderungen? Es liegt nicht an der Form der Ehe, daß sie so oft Enttäuschungen bringt. Liebesglück ist das Geschenk bevorzugter Augenblicke, Lebensgemeinschaft ist Alltag, ist Arbeit nach außen und innen. Gemeinsam fühlen ist etwas anderes als gemeinsam leben.

Aus jedem Zusammenleben entsteht mit der Zeit etwas wie ein fast greifbares Gewebe aus Gemeinsamkeiten, aus Lebenssubstanz. Die Trennung einer langjährigen Ehe, wenn sie nur von dem einen der Partner gewünscht wird, wird von dem anderen häufig erlebt wie das Zerreißen von etwas Verwachsenem, wie das Töten eines Lebewesens. Für das Vorhandensein dieses Zwischenmenschlichen und für seine Pflege haben Frauen im allgemeinen mehr Sinn als Männer. Das Schaffen der Atmosphäre in einer Wohnung ist Sache der Frau. Es gibt nur sehr wenige Männer, die dazu in der Lage sind. Sie sind aber sehr wohl fähig, dieses Stimmungshafte wahrzunehmen und zu schätzen. Auf diesem Gebiet ist die Frau die Gebende, der Mann der Nehmende.

Die Tatsache, daß aus dem innigen Beisammensein zweier Menschen nicht nur atmosphärisch Seelenhaftes entsteht, sondern sogar physisches Leben geschaffen werden kann, ist etwas höchst Wunderbares und bewirkt eine Öffnung zum Sozialen hin. Man lernt, gemeinsam auf etwas Drittes hinzuschauen, und findet in diesem Dritten Züge von beiden Partnern und zugleich etwas ganz Neues. Das Kind ist eine Bestätigung und Überhöhung der Gemeinsamkeit, ein Aufruf zu gemeinsamer Verantwortung. Wenn nun aber doch Trennendes sich zwischen den beiden Eltern einnistet, Schwierigkeiten, die ja etwas Zwanghaftes annehmen können, als seien es Widersacherwesen, dann kann ein Kind auch wie ein wandelnder Vorwurf wirken.

Peter Handke bringt in seiner «Kindergeschichte»[5] die Szene, wie Mann, Frau und Kind bei einer Autoreise rastend an einem Berghang sitzen und wie nun dieses Zwischenmenschliche, das im früheren Zusammensein gewachsen ist, seinen Lauf nimmt:

«Hier kommt es zwischen dem Mann und der Frau zu einem Streit, ziemlich ähnlich manchen früheren, und wahrscheinlich – so wieder einmal die unwillkürliche Vorstellung des Mannes – mit genau den gleichen Ausdrücken, wie sie im selben Augenblick überall in der Welt zwischen uneinigen Paaren hin- und hergegen.

(Er hatte bis jetzt nur deswegen nicht eine endgültige Trennung gewollt, weil ein obrigkeitlicher Dritter, auch der erfahrenste und fachkundigste, doch nichts von dem Kind, der Frau und von ihm wissen konnte, und jede Gerichtsentscheidung ihm dreist und frevelhaft vorgekommen wäre.) Aber zugleich ist es ernst; und wider die eigene Erkenntnis, auch wider das Gesetz des Friedens in der Weite der Landschaft, versinkt er in den zwanghaften Austausch der Vorwürfe wie in eine farben- und tonlose Ödnis.

Als er endlich aufschaut, sieht er, daß das Kind sich von den beiden Erwachsenen weit weggesetzt hat. Sein Gesicht erscheint in der Entfernung blaß und streng. Quer über den Hang leuchten in der Sonne weithin die kleinen Blaubeeren. Am Fuß des Hügels ein Moorsee. Das Licht dieses Tages ist gleißend hell, mit starken Wolkenschatten dazwischen; und die drei Figuren hocken darin wie weiße Zeugensteine.»

Hier ist stimmungsmäßig etwas eingefangen von der Ausweglosigkeit und Tragik menschlichen Zwiespalts, von dem ein Dritter – hier das Kind – mitbetroffen ist.

Aber auch das Verbindende der Verbindlichkeit, die durch die Existenz eines Kindes gegeben ist, können Elternpaare immer wieder ganz konkret erleben. Zum Beispiel auf einem Ausflug, bei dem man durch ein Versehen auf einen falschen Weg geraten ist. Wäre man nur zu zweit, so würde man jetzt vielleicht – erschöpft wie man ist – anfangen, sich gegenseitig Vorwürfe zu machen. Irgendwie ist die Sache ja verpatzt worden. Nun aber ist da das Kind, das jetzt mit seinen kleinen Beinchen den weiten Weg laufen muß, es sei denn, man trägt es, und so nimmt man sich zusammen, um das Kind bei Laune zu erhalten.

Kinder, die immer Kind bleiben – ich meine behinderte Kinder –, oder auch ein Kranker oder eine pflegebedürftige Großmutter können ein außerordentlich verbindendes Element in der Familie sein. Vielleicht würde sonst jeder seiner Wege gehen, nun aber, da immer jemand für die Pflege da sein muß, spricht man miteinander, verabredet sich und merkt auf einmal, daß das Zusammenleben zwar ständig eine Last zu tragen hat, aber harmonischer und inniger ist, als es vorher war.

Ähnlich wirken auch Notlagen, die einen davon ablenken, sich mit den eigenen psychologischen Problemen zu befassen: Krieg, Flucht, Krankheit oder anderes. Hier geschehen manchmal erstaunliche Entwicklungen. Eine junge Frau ließ das Kind, das sie erwartete, abtreiben, weil ihre Ehe so schlecht ging, daß sie mit einem baldigen Auseinandergehen rechnete. Kurz danach erkrankte sie an Krebs, und in den folgenden Leidensjahren bis hin zu ihrem Tode gab es keinen einsatzbereiteren Pfleger als ihren Ehemann. – Eine andere brach aus ihrer Ehe aus, die sie unerträglich fand, ließ sich mit den verschiedensten Männern ein und erkrankte an Aids. Seither lebte sie wieder mit ihrem Mann zusammen, der sie mit seiner Fürsorge umgab und neue Formen der Zärtlichkeit erfand, so daß sie ein Glück erlebten, das sie vorher nicht für möglich gehalten hätten.

Katastrophen und Unglücksfälle können bewirken, daß man sich von den Kleinlichkeiten des Alltags, mit denen man häufig sich selbst und andere quält, loslöst und auf das Wesentliche besinnt, und dabei leuchtet manchmal das wahre Wesen des Menschen, mit dem man sich verbunden hat, in einer ganz neuen Weise auf.

Könnte man das nicht auch ohne Katastrophen erreichen? Hier liegt, scheint mir, etwas außerordentlich Wichtiges. In jeder Ehe sollte es gemeinsame Interessen geben als ein Drittes, auf das man hinschaut und an dem man arbeiten kann. Damit kommt man in eine Entwicklung, an der beide beteiligt sind. Die Kinder wachsen heran. Damit das Verhältnis jetzt nicht im Gewohnheitsmäßigen erstarrt, braucht man «geistige Kinder». Für manche Paare ist es schön, wenn sie den gleichen Beruf haben, in dem sie zusammenarbeiten können. Andere halten es gerade für besonders fruchtbar, wenn jeder ein eigenes besonderes Interessengebiet hat, auf dem er sachkundiger ist als der andere, und man nun merkt, wie man sich gegenseitig durch Austausch bereichern kann. Besonders dankbar muß man sein, wenn einem irgend etwas gelungen ist und man feststellt: Ohne meinen Lebensgefährten wäre das nicht möglich gewesen. Auch auf geistigem Gebiet gibt es eine Art Befruchtungsvorgang wie auf sexuellem, nur sind hier die Rollen nicht so festgelegt. Oft ist es gerade die Frau, die anregt und befruchtet, aber es kann auch umgekehrt sein. Solche gemeinsamen «geistigen Kinder» sind häufiger als man glaubt, und sie gehören zum schönsten, was menschliches Zusammenleben hervorbringen kann.

Mythische Wurzeln der Mütterlichkeit

Göttinen thronen hehr in Einsamkeit,
Um sie kein Ort, noch weniger eine Zeit;
Von ihnen sprechen ist Verlegenheit.
Die Mütter sind es!
Mütter!
Schauderts dich?
Die Mütter! Mütter! – 's klingt so wunderlich!
Das ist es auch. Göttinnen, ungekannt
Euch Sterblichen, von uns nicht gern genannt.
Nach ihrer Wohnung magst ins Tiefste schürfen;
Du selbst bist schuld, daß ihrer wir bedürfen.

J. W. v. Goethe

Die Entmythologisierung unseres Lebens hat manchen alten Aberglauben beseitigt. Sie führte aber auch zur Profanierung und Banalisierung von Lebensgebieten, denen man sich früher nur mit Ehrfurcht und heiliger Scheu näherte. Sexualität, Schwangerschaft, Geburt sind auf die damit verbundenen rein medizinischen Fakten reduziert worden. Es ist häufig unwürdig und erniedrigend, was eine werdende Mutter von Ärzten und in Kliniken über sich ergehen lassen muß und fördert ihre Unsicherheit einem Lebensgebiet gegenüber, das natürlicher Weise ein urweibliches ist.[1]

Sich mit dem religiösen Aspekt der Mutterschaft zu befassen, den es in früheren Zeiten immer gegeben hat, kann jeder Frau Kraft und Stärke geben, die Möglichkeit ihres Körpers, Quell neuen Lebens zu werden, mit Dankbarkeit und Ehrfurcht zu akzeptieren.

Goethes Faust muß zu den «Müttern» hinabsteigen, um das Urbild des Schönen, Helena, in der irdischen Welt zur Erscheinung zu bringen. Auf seine zweifelnde Frage hin antwortet Mephisto mit den Worten, die dieses Kapitel einleiten.

Das Urbild des Mütterlichen ist nicht etwas, was der Vergangenheit angehört. Es ruht tief auf dem Grunde der Seele eines jeden Menschen, vielleicht verschüttet, aber deshalb nicht weniger vorhanden. Märchen wissen davon zu berichten, und Kindern solche Märchen zu erzählen, ist wahre Seelennahrung und «aufklärender» als der vielgepriesene verfrühte Anatomieunterricht, durch den weder Kinder noch Erwachsene ernstlich erfahren können, woher das Leben kommt.

Daß kleine Kinder «im Bauch der Mutter heranwachsen», gibt ja nur einen sehr eingeschränkten Aspekt der Sache wieder. In Wahrheit ist eine Mutter eine Seelengeleiterin, und vieles hängt davon ab, daß sie sich auch als solche versteht.

Das Herabschweben der Seele des Kindes wurde vielfach im Bilde eines Vogels geschaut. Am bekanntesten ist der Storch als Kinderbringer. Solche Bilder waren kein Ausweichen vor der Realität, sondern stellten gerade die höhere Realität dar. Das wird von kleineren Kindern noch heute empfunden. Zum Beispiel legte ein von seiner Mutter schon mehrfach «aufgeklärtes» Kind ein Stück Zucker für den Storch ins Fenster. Die Aufklärung wurde wiederholt, aber ohne Erfolg. Als am dritten Tag die Mutter wieder einen Versuch unternahm, wurde sie von dem Kind unterbrochen mit dem wütenden Ausruf: «Du lügst!» [2]

Wie kann ein Kind, das mit «sexueller Anziehung» oder «Erotik» keinerlei Vorstellung verbindet, die Rolle der Eltern bei der Verkörperung verstehen? Nur durch Bilder kann ein umfassender Sinn in einfacher Form dargestellt werden.

Ein sechsjähriges Kind, das drei jüngere Geschwister hatte und von der Mutter alle üblichen Informationen bekommen hatte bis dahin, daß es fühlen durfte, wie das Ungeborene sich im Mutterleib bewegte, platzte eines Tages mit der Mitteilung heraus: «Einmal wollten der Vater und die Mutter einen Pfirsich essen, und wie sie ihn aufschnitten und teilten, da kam ich herausgekrabbelt.» Dieses Bild, das aus einem japanischen Bilderbuch stammte, erschien dem Kind einleuchtender als all die anderen Erklärungen.[3]

In vielen Gegenden wird berichtet, daß die kleinen Kinder aus dem Wasser kommen, sei es nun der Kleinkinderbach in den Alpen, die Brunnenstube im Elsaß oder «Frau Holles Teich» in Hessen. Wasser ist ein Bild des Lebens. Frau Holle (die Holde, Gnädige) ist ursprünglich eine Fruchtbarkeitsgöttin. Im bekannten Grimmschen Märchen findet das von der Stiefmutter verstoßene Mädchen in ihr die wahre Mutter. Der Weg zu ihr führt durch den Brunnen, also durch die Wasserwelt. Die Raumesvorstellungen, die zur irdischen Welt gehören, verlieren hier ihre Bedeutung. Das Mädchen stürzt in den Brunnen. Es gelangt in eine untere Welt, die aber seltsamer Weise zugleich über der menschlichen liegt, denn wenn man bei Frau Holle die Betten schüttelt, schneit es auf der Erde. Frau Holles Reich als Quell des Lebens und der Mütterlichkeit liegt zugleich unter und über der Alltagswelt. In diesen fremden Bereich zu gelangen, ist zunächst erschreckend, und so fürchtet das Mädchen sich auch zuerst vor Frau Holle, obwohl diese gut zu ihr ist.

Es ist hier in kindlicher Form auf eine Welt hingewiesen, von der Goethe, dessen Quelle Plutarch war, spricht, wenn er seinen Faust zu den «Müttern» gehen läßt. Wie ist der Weg? Mephisto beschreibt ihn:

> Versinke denn! Ich könnt auch sagen: steige!
> 's ist einerlei. Entfliehe dem Entstandnen
> in der Gebilde losgebundne Reiche.

Faust wird von Schaudern ergriffen, als er das Wort «die Mütter» hört. Er weiß, daß man die Raumes-Welt verlassen muß, um zu ihnen zu gelangen. Es ist der gleiche Schrecken, von dem im Märchen von der Frau Holle gesprochen wird.

In der Sage wird Frau Holle oft schön und jugendlich dargestellt. Sie sitzt an Seen und Brunnen und kämmt ihr langes goldenes Haar. Manchmal wird sie aber auch als furchtbar und abschreckend beschrieben. Sie begleitet das Heer des wilden Jägers (Wotans), der in den zwölf heiligen Nächten zwischen Weihnachten und Epiphanias seinen Umzug hält. Es gibt auch eine Sage, wo sie als «Totenmutter» in der Nacht von Allerseelen den Zug der verstorbenen Kinder begleitet.

Durch diese Vielfalt von Bildern scheint die mythische «große Mutter» in dreifacher Gestalt: Sie ist die jugendlich-schöne Göttin der Geburt (weiß), die reife, dem Vollmond zugeordnete Göttin der Fruchtbarkeit und Ernährung (rot) und die furchterregende Todesgöttin (schwarz). Die dreifache Göttin umfaßt alle Aspekte des Lebendigen von der Geburt bis zum Tode.[4]

Im urbildlichen Sinne ist «Mutter» der Ort, wo man Schutz und Hilfe findet, wenn alle andere Hilfe versagt. Nicht nur Kinder, auch Kranke und Sterbende rufen oft nach ihr. Im Märchen hilft sie manchmal sogar von jenseits der Todesschwelle, wie z. B. im Märchen vom Machandelboom oder bei Aschenputtel, die täglich im Gebet am Grab der Mutter neue Kraft findet und von dort auch mit den königlichen Gewändern beschenkt wird, die ihr helfen, sich dem Königssohn zu verbinden.

Es ist durchaus ein Unterschied, ob man Mutter einer Tochter ist oder Mutter eines Sohnes. Ein mythisches Bild für das Mutter-Tochter-Verhältnis sind Demeter und Persephone. Die Klage der Demeter um den Raub ihrer Tochter läßt die ganze Welt unfruchtbar werden, und ohne sie wäre Persephone für immer in der Gewalt der Unterwelt. Findet das Weibliche der Mutter in der Tochter seine Vollendung, so will im Sohne die Mutter Mann werden, wie Morgenstern es ausdrückt. Hierfür haben wir ein Urbild in der ägyptischen Göttin Isis, die durch Mord ihren Gatten Osiris verliert und von ihm durch einen Strahl aus der Totenwelt ihren Sohn Horus empfängt. Sie veranlaßt, daß das weibliche Herrschaftsprimat durch das männliche abgelöst wird, worauf wir noch zurückkommen werden.

Zum Bild der Mutter gehört natürlich auch das Gegenbild: die Stiefmutter. Es geht hier nicht darum, daß sie die zweite Frau des Vaters ist, es kann genausogut die leibliche Mutter eine Unmutter, eine Nichtmutter sein, was übrigens auch in den Märchen häufig in der ursprünglichen Fassung der Fall ist, z. B. bei Schneewittchen. Muttersein erfordert die Entwicklung ganz bestimmter Qualitäten: Hingabe, Geduld, Aufopferung, Ausdauer, Verzicht, Aufmerksamkeit usw. Wenn der Egoismus und die Selbstbezogenheit einer Frau so groß sind, daß sie über all die genannten Eigenschaften dominieren, dann kann sie nicht Mutter werden. Haben wir nicht alle auch etwas Stiefmütterliches in uns?

Es kann dies in verschiedene Richtungen gehen. Die Mutter von Hänsel und Gretel will ihr Brot nicht teilen, sondern selber essen. Sie ist nüchtern, kalt, berechnend. Im irdisch-materialistischen Sinn ist es ganz gewiß vorteilhafter, nur zwei Esser zu haben statt vier, wenn das Brot knapp bemessen ist. Aber welche wahre Mutter läßt ihre Kinder verhungern, solange sie selbst zu essen hat? Die Märchen werden übrigens nicht müde, die Botschaft zu verkünden, daß ein mitleidiges, liebevolles Herz anderen Gesetzmäßigkeiten unterliegt als denen des Berechenbaren. Immer wieder schildern sie Szenen wie die von dem armen Mädchen, das zu den drei Haulemännerchen im Walde kommt und mit ihnen ihr kärgliches Brot teilt. Diese zeigen ihr daraufhin, wo mitten im Winter Erdbeeren wachsen. Die Stiefschwester, die nach ihr denselben Weg geht, teilt nicht und bekommt auch nichts.

Die Mutter von Schneewittchen hat ein anderes Motiv, ihre Tochter aus dem Wege räumen zu wollen. Sie sieht sich, als die Schönheit des Mädchens mehr und mehr erblüht, von dieser in den Schatten gestellt. Nun läßt der Neid ihr keine Ruhe mehr.

Wenn Frauen sehr jung Mutter geworden sind und selbst noch in der Blüte ihrer Jahre stehen, wenn die Tochter bereits herangewachsen ist, kann diese Art von Eifersucht leicht auftreten. Es kann Fälle geben wie jener, wo eine fünfunddreißigjährige Frau, überschlank und gepflegt, sich gab wie zehn Jahre jünger und ihren Hauptlebensinhalt in ihren Erfolgen bei den Männern sah. Sie wurde dadurch für ihre zarte und verschreckte fünfzehnjährige Tochter zu einer wahren Stiefmutter. Die Mutter schämte sich, so eine große Tochter zu haben, und konnte ihre Gegenwart zu Hause nicht ertragen. Das Kind mußte im Internat und bei den Großeltern aufwachsen.[5] Es ist hiermit nicht gesagt, daß das Verhalten der jungen Frau, die offensichtlich Mutter geworden war, ehe sie sich selbst gefunden hatte, unverständlich sei. Nur konnte sie unter diesen Umständen ihrem Kinde keine wirkliche Mutter sein.

In den beiden geschilderten Fällen besteht die Stiefmütterlichkeit in einem zu stark abstoßenden Element. Es kann aber auch umgekehrt sein: Die Mutter, die so vollständig in ihrer Mütterlichkeit aufgegangen ist, daß sie sich nicht mehr davon lösen kann, wird ebenfalls zur Stiefmutter. Sie will es nicht realisieren, daß kleine Kinder groß werden. Es gehört aber auch zum Muttersein, Kinder in die Welt zu entlassen. In Ernst Barlachs (1870–1938) Drama «Der tote Tag» ist eine solche Mutter geschildert, die ihrem Sohne sagt: «Ich habe dir mein Leben gegeben. Wenn du von mir gehst, habe ich keins mehr!»[6] Sie raubt dem Sohn die Zukunft, will, daß alles bleibt, wie es gewesen ist.

Im Märchen haben wir das Bild der Hexe, die die Kinder anlockt und fressen will. Es ist die Gegenmutter, die, statt das Kind aus ihrem Leibe heraus der Welt zu geben, es wieder in sich hineinnehmen möchte. Es gibt auch Märchen, in denen sie einen jungen Menschen «versteinert». Nun muß er so bleiben, wie er ist, kann nicht mehr fort, keine «Fortschritte» mehr machen.

Es kann eine gute Selbstprüfung für jede Mutter sein, in sich zu forschen, zu welchen Stiefmuttereigenschaften sie am meisten Neigung hat, ob zur Berechnung (in der Zeit, die ich meinem Kind und meiner Familie widme, könnte ich mich selbst verwirklichen), ob zum Neid (meine Tochter ist jung, ich werde alt) oder zur Selbstsucht (mein Kind soll bei mir bleiben und mich glücklich machen).

Bedeutet Muttersein nicht, immer da zu sein, wenn es nötig ist, und zurückzutreten, wenn es nicht nötig ist? Das ist wahrlich keine geringe Anforderung. Auch kleine Kinder müssen die Gelegenheit haben, allein die Welt zu erforschen. Es ist gut, wenn die Mutter manchmal nur von weitem zuschaut. Andererseits gibt es Fälle, wo auch Erwachsene noch einer echten Mutter bedürftig sind.

Für diesen letztgenannten Fall gibt das finnische Volksepos Kalevala ein besonders eindrucksvolles Bild mit der Mutter des «muntren Lemminkäinen». Dieser jugendliche Held ist ein unermüdlicher Freier. Mit großer Mühe hat er sich eine schöne junge Frau erworben. Dennoch kann er es sich nicht versagen, ins Nordland zu ziehen und um «Pohjolas Töchter» zu freien. Hier gerät er in größte Gefahr, wird tödlich verwundet und ruft in höchster Todesnot nach seiner Mutter:

> Mutter, die du mich getragen,
> die voll Mühe mich erzogen,
> wüßtest du, ach könntst du fühlen,
> wo nun jetzt dein armer Sohn ist!
> Kämest gleich du hergeeilet,
> würd'st zu schneller Hilf erscheinen,
> würd'st den Sohn noch eben retten
> hier von diesem Todeswege,
> frisch dem Abgrund zu verfallen,
> jünglingsfrisch dahingehn müssen.

Sein Hilferuf verhallt ungehört. Er stirbt, sein Leichnam wird in Stücke gehauen und in den Totenfluß geworfen.

Zu Hause erfährt man, daß er nicht mehr am Leben ist. Und was weder seine junge Frau noch eine seiner Geliebten tut, unternimmt die Mutter. Sie macht sich auf den Weg, um nach ihm zu forschen. So kommt sie schließlich an den Totenfluß, dessen Wasserfälle die Stücke von Lemminkäinens Leichnam fortgerissen haben. Sie beginnt laut zu weinen, aber nicht lange, dann eilt sie zum Schmied und läßt sich eine lange Harke machen. Nun durchwatet sie die Gewässer, harkt und harkt und sammelt so alle Teile ihres toten Sohnes. Sie setzt ihn wieder zusammen, ruft gute, hilfreiche Geister an, und dank ihrer Zauberkraft gelingt es ihr, ihn neu zu schaffen. Am Schluß fehlt ihm nur noch die Sprache, so schickt sie das Bienchen hinauf in den neunten Himmel, um dort von Jumala, dem höchsten der Götter, Salbe zu holen, mit der sie ihn bestreicht und ihm so Leben und Sprache gibt:

> Und die Mutter Lemminkäinens
> ihren Sohn sie wiegt und wieget
> zu dem ehemal'gen Leben,
> wiegt ihn zu der einst'gen Artung,
> weit noch besser bald geworden,
> schöner noch als einst gestaltet.

Ich weiß keine schönere Darstellung der Dauerhaftigkeit, Verläßlichkeit und Magie der Mutterliebe. Für den, der sie als Kind ungebrochen erleben durfte, wandelt sie sich später in die Kraft der Lebenssicherheit, der Hoffnung, des Vertrauens um.

Mutterkulte und Mutterrecht

> Die Frauen haben bis heute den mystischen Sinn der Erde durchgetragen. Wenn sie nicht da wären, würde der Geist nur über eine Wüste herrschen.
>
> *Maurice Maeterlinck*

«In der Religions-, Mythologie- und überhaupt Kulturgeschichte gibt es kein so wunderbares, unendliches und begeisterndes Thema wie das der *Mutterkulte*. Es widerspiegelt Gedankengänge, Sorgen und Hoffnungen, die die Menschheit seit dunkelster Urzeit beschäftigen, zumal es mit dem *Mysterium des Lebens* verbunden ist, mit dem Mysterium der ewigen Erneuerung des Lebens der Menschen, der Tiere, der Natur, der Erde, ja, des ganzen Kosmos. Die Mutterschaft wird mindestens seit 32000 Jahren kultisch verehrt und bildet damit die älteste Tradition *de longue durée*, eine Tradition, in der auch die Grenze zwischen dem Religiösen und Künstlerischen kaum feststellbar ist. Da die Mutterkulte offensichtlich *universal* sind, erklingt in ihnen eine phantasiereiche Symphonie der Stimmen der Völker, aller bekannter und anonymer Völker aller Hautfarben und aller Kontinente. Ein jedes Volk hat in diese Kulte seinen schöpferischen Beitrag verewigen lassen.» [1]

Der tschechische Matriarchatsforscher Otakar Nahodil, von dem diese Worte stammen, erzählt, wie er 1966, als er aus der Tschechoslowakei geflohen war und eine Professur in Freiburg im Breisgau übernahm, erleben mußte, daß das Thema «Mutterkulte» nicht gefragt, ja in akademischen Kreisen nicht einmal ganz «salonfähig» war. Die einzige tolerierte Darstellungsweise war damals die der Tiefenpsychologie.

Seit den siebziger Jahren begann sich dies zu ändern. Matriarchatsforschung war jetzt, besonders in feministischen Kreisen, «in». Dabei trat das Problem auf, daß häufig die Tatsachen durch Wunschdenken deformiert wurden. Dies kann leicht geschehen, da die Zeiten weiblicher Vorherrschaft in prähistorischer Zeit anzusetzen sind und wenig greifbares Material vorliegt. So ist es auch nicht nur auf die sexistische Einstellung der Geschichtsforscher zurückzuführen, wenn man bisher so wenig davon gehört hat. Man ist großenteils auf Rückschlüsse angewiesen, ausgehend von Mythen oder von Ritualen alter Kulturen in der Gegenwart. Was greifbar ist, spricht allerdings eine deutliche Sprache:

«In Eurasien – von Santander bis zum Baikal-See in Südsibirien, von Norditalien bis zum Rhein – bleiben in den materiellen Dokumenten der Urzeit die Männer so gut wie abwesend. Dafür gibt es in diesem breiten Raum eine Fülle von Frauendarstellungen, vor allem Miniaturstatuetten (4–22 cm groß), ausnahmsweise auch monumental konzipierte Reliefs.» Diese fettleibigen Figürchen stellen meist schwangere Frauen reiferen Alters dar. Kopf und Gliedmassen sind vernachlässigt, Leib, Brüste, Gesäß und Geschlechtsorgane deutlich ausgeführt. Es handelt sich (nach Nahodil) nicht, wie früher irrtümlich angenommen wurde, um erotische Wunschfiguren, auch nicht um «Fruchtbarkeitsidole» oder Göttinnen, weder um die «große Göttin» noch um die «große Mutter», sondern einfach um Mütter: «schwangere Frauen, Mütter der Mütter, Großmütter, Urmütter, Sippen-, Klan-, Stammesmütter, mythische weibliche Ahnen und Urahnen, die als ständig Anwesende betrachtet wurden.»

«Bei vielen Völkern, die weit voneinander leben und meist keine Kontakte miteinander haben konnten – etwa die Lappen einerseits und südamerikanische Tupi-Indianerstämme andererseits – finden wir verschiedene Varianten ein und derselben Idee, nämlich der, daß alles in der Welt eine spezifische Mutter hat. Es gibt Mütter der Flüsse, der Bäume, der Steine. Die Natur-Dämonen werden oft als Mütter bezeichnet.» Man kann sie auch Elementarwesen nennen, denn alle Elemente wurden als mütterlich angesehen. Bei vielen Völkern findet man die Verehrung des Feuers. Die Feuerstätte war das Zentrum des Haushaltes und zugleich Kultzentrum. Es mußte ständig ernährt werden, denn hier wohnte die Feuermutter. Das Luftig-Wässrige als mütterliches Prinzip ist in besonders schöner Weise in der Kalevala dargestellt in der Gestalt der Mutter Wäinämöinens. Der Kultus der «Mutter Erde» kam erst später zur Blüte. Viele Kulthöhlen im Schoße der Erde zeugen davon. Interessant ist, wie ein elementarisches Wasserwesen aus altheidnischer Zeit sogar seinen Weg in die christlichen Kirchen gefunden hat: Eine durchaus häufige Darstellung an romanischen Kapitälen ist die Nixe, die ihr Junges säugt.

Viele Volksmärchen erzählen, wie der Held oder die Heldin zur «Mutter der Sonne», «Mutter des Mondes» oder «Mutter des Windes» kommt. In einem bulgarischen Märchen zum Beispiel heißt es:

«Nach kurzem erreichte er den Garten und kam zu den Toren der Sonnenhöfe. Die Tore waren verschlossen. Er klopfte dreimal mit seinem Mittelfinger, die Tore öffneten sich, und eine weißhaarige große und stattliche Alte kam ihm entgegen. Als sie ihn sah, wunderte sie sich.

‹Guten Tag, Mutter der Sonne›, sagte der Königssohn. ‹Grüß Gott, Söhnchen›, antwortete ihm die weißhaarige Alte. ‹Hier, Söhnchen, kommt niemals ein Mensch her, aber weil du mich ‹Mutter der Sonne› genannt hast, komm ins Haus und erzähle mir, was dich herführt.›» [2]

Wir dürfen annehmen, daß solche Fassungen älter sind als diejenigen, wo einfach Sonne, Mond oder Wind aufgesucht werden. Das gleiche gilt von den Märchen, wo einer zum Teufel in die Hölle geht und zunächst des Teufels Großmutter antrifft.

Eine Art von Müttern sind auch die Schicksalsfrauen. Auch ihnen begegnet man in den Märchen. Man denke nur an die dreizehn Feen bei Dornröschen.

All diese mütterlichen elementarischen Wesen wurden in späteren patriarchalischen Zeiten in die Gestalten von Göttinnen integriert, oder sie lebten in Geheimkulten der Volksreligionen fort.

Im Christentum mündete der Strom der Mutterverehrung in den Marienkult. Die Jungfrau Maria trat oft die Nachfolge alter Muttergottheiten an. In vielen Höhlenheiligtümern wurde sie verehrt. Man rief sie bei Unfruchtbarkeit um Hilfe an. Dabei wurden Gebräuche entwickelt, die unmittelbar an ganz alte Fruchtbarkeitskulte anschließen. Auf der Insel Rhodos zum Beispiel machen Frauen, die unter Kinderlosigkeit leiden, eine Wallfahrt auf den Tsambika-Berg zu einer wundertätigen Marienikone. Man steigt womöglich barfuß auf diesen spitz aufragenden Bergkegel, um oben in der Kapelle zu beten. Will man die Kraft der Gebete verstärken, so kann man in einem der an die Kapelle angebauten Kämmerchen übernachten, eine uralte Tradition, die dem Heilschlaf in den Asklepios-Heiligtümern der Antike entspricht.

Wie eine Vorschau auf die Madonna mit dem Jesuskind wirkt das Bild der ägyptischen Göttin Isis mit dem Horusknaben. Es wurde schon erwähnt, daß wir hier im Bilde den Übergang alter matriarchaler Kulturen zum Patriarchat sehen können. Erich Neumann schreibt darüber in seinem Buch «Ursprünge des Bewußtseins»:

«Es ist eine wesentliche Funktion der (guten) Isis, ihre matriarchale Dominanz aufzugeben, die in dem ursprünglichen Königinnen-Matriarchate Ägyptens noch deutlich zu erkennen ist. Typisch für diese Selbst-Aufgabe und den Übergang zum Patriarchat ist der Kampf der Isis um die Legitimität ihres Sohnes Horus. Während sonst die Söhne (in einem matriarchalischen System) immer Muttersöhne sind, kämpft Isis hier um die Anerkennung gerade der Vaterschaft des Osiris für Horus, der die väterliche Erbschaft des Patriarchats annehmen soll. Diese bildet dann die Grundlage der Herkunft der ägyptischen Könige, welche sich alle als Sohn des Horus bezeichnen.»[3]

Die alte indische Weisheit sprach davon, daß etwa um 3000 v. Chr., also mit dem Beginn der ägyptischen Kulturperiode, das «finstere Zeitalter» (Kali Yuga) begann. Auch die Anthroposophie weist auf die tiefgreifende Bewußtseinsveränderung hin, die zu dieser Zeit stattfand. Das alte natürliche Hellsehen der Menschheit kam damals zum Erlöschen. Die Fähigkeit der Ich-Findung an der Außenwelt, die man als männliches Element ansehen kann, wurde von nun an immer stärker. Es war dies eine Entwicklungsnotwendigkeit. Wir sahen, daß Isis selbst den Übergang zum Patriarchat bewirkte. Ohne das Erlöschen der Hellsichtigkeit, das Verschwinden der intuitiv zu erfassenden Offenbarungsweisheit, wären die Menschen immer unmündig geblieben, abhängig und gelenkt von den Göttern, ohne Möglichkeit zu individueller Freiheit.

Nun aber steht die Menschheit erneut an einem Übergang. Mit einem Bewußtsein, das sich in jeder Hinsicht allein auf das äußerlich Materielle richtet, war im 19. Jahrhundert ein Höhepunkt dieser Entwicklung erreicht. Immer deutlicher machte sich das Anstoßen an eine Grenze bemerkbar.

Rudolf Steiner nennt das Jahr 1899 als entscheidend für die Ablösung des finsteren durch das «lichte Zeitalter». Von nun an kommt dem weiblichen Element, das für lange Zeit hatte zurücktreten müssen, wieder eine ganz neue Bedeutung als Kulturfaktor zu. Aber nicht durch Erneuerung eines alten Matriarchats, sondern durch die Entwicklung einer neuen Innerlichkeit, die an der Außenwelt im eigenen Innern gefunden werden muß, in dieser Weise Männliches und Weibliches vereinigend.

So ist es vom Gesichtspunkt der Entwicklungsgeschichte durchaus zeitgerecht, daß der Anfang des Aufbruchs der Frau ins letzte Drittel des 19. Jahrhunderts fällt. Wie eine Vorbereitung für die neue Einschätzung des Weiblichen wirkt es, daß im 19. Jahrhundert der Basler Rechtshistoriker Johann Jakob Bachofen (1815–1887) sein umfangreiches Werk über das «Mutterrecht»[4] schrieb.

Da Mutterschaft und Mutterkulte in alten Zeiten von heiligsten Mysterien und religiösen Riten umgeben waren, leitete sich daraus auch die rechtliche Priorität der Frau ab, das Mutterrecht.

Bachofen fand seinerzeit wenig Verständnis für seine Forschungen. Er hätte viel Erfolg haben können, wenn er sich nicht ausgerechnet diesem Thema zugewandt hätte. So begegnete er schweigender, bestenfalls bedauernder Verständnislosigkeit oder auch offener Ablehnung und Spott. Er setzte die Arbeit aber mit Beharrlichkeit fort. Das Buch erschien 1861 und hatte 1897 eine zweite Auflage. Dann aber versank es in Vergessenheit, bis es 1948 neu aufgelegt wurde und seither von Feministinnen viel zitiert wird.

Bachofen war kein Kämpfer für die Verbesserung der sozialen Stellung der Frau, sondern ein Wissenschaftler mit ausgeprägtem Gerechtigkeitssinn. Er lebte in gut bürgerlichen patriarchalen Verhältnissen und strebte auch keineswegs danach, diese zu reformieren. Daß viele Einzelheiten seiner Forschungen inzwischen wissenschaftlich überholt sind, beeinträchtigt seinen historischen Stellenwert nicht. Seine Entdeckung des Mutterrechts hat bis heute nicht an Wichtigkeit verloren. Bis zu seiner Zeit hielt man die monogame patriarchalische Familie für naturgegeben. So abwegig zunächst der Gedanke der rechtlichen Dominanz der Frau erscheint, so findet man doch auch auf diesem Gebiet noch heute Reste alter Sozialformen, wenn man erst einmal darauf aufmerksam geworden ist. So ist es beispielsweise auf der Insel Rhodos immer noch so, daß ein junger Mann vom Lande damit rechnet, daß seine Braut ein Haus mit in die Ehe bringt. Auch nach der Eheschließung bleibt die Frau die Besitzerin dieses Hauses, in dem sie mit ihrem Mann zusammen lebt. Man wird hierbei an die Worte der Genesis erinnert: «Der Mann wird Vater und Mutter verlassen und an seinem Weibe hangen» (nicht umgekehrt). Der Mann in Rhodos muß nun allerdings dafür sorgen, daß Häuser für seine Töchter gebaut werden. Heutzutage werden die Töchterhäuser öfters schon gebaut, solange die Kinder noch klein sind. Man vermietet sie dann an Touristen, um einiges von den gehabten Auslagen wieder hereinzubekommen. Ein interessantes Beispiel für die Verschmelzung einer Jahrtausende alten Kultur mit den Gegebenheiten der modernen Zeit!

All diese Beobachtungen und historischen Forschungen sind wichtig, und man kann sich als Frau innerlich gestärkt fühlen von dem Gedanken, daß es Zeiten gab, in denen die Frauen dominierten.

Für die Wahrnehmung der Aufgaben der Frauen in der Gegenwart ist allerdings wenig mit solchen Betrachtungen gewonnen. Die Bedeutung und Würde der Frau in alten Zeiten beruhte ganz und gar auf ihren geschlechtsspezifischen Funktionen, und gerade daran möchte die moderne Frau, die sich um Selbstfindung bemüht, nicht anknüpfen. Es gehört zum Urbild des Weiblichen, daß es Fülle hat, körperlich und seelisch, daß es Reichtum und Besitz hat und aus Fülle und Reichtum heraus schenkend werden kann.

Die Frau war die Besitzende und den Besitz Hütende, der Mann der Erwerbende. Die Frau der Gegenwart aber möchte sich weder mit dem üppigen Schönheitsideal aus der Steinzeit identifizieren, noch kann sie sich auf Hausbesitz abstützen. Das, was sie anstrebt, Individualisierung und Recht auf Erwerb, sind gerade die Qualitäten, die in der patriarchalischen Geschichtsepoche entwickelt worden sind. Es ist notwendig, diesen Weg zu gehen, nur muß man sich klar darüber sein, daß man damit gerade *nicht* etwas Weibliches zur Geltung bringt.

Alles, was früher äußerlich war, Besitz, körperliche Fruchtbarkeit, ist im Laufe der Jahrhunderte verinnerlicht worden. Was davon bis in unsere Zeit hineinreicht, ist der seelische Reichtum der Mutterliebe, von deren Unerschöpflichkeit wieder und wieder in Biographien die Rede ist. Mutterliebe ist eine Gabe der Natur und tritt zunächst instinktiv auf. Man kann wohl sagen, daß sie der schönste aller Instinkte ist.

Noch in den sechziger Jahren haben Frauen, die Mütter wurden, mit Selbstverständlichkeit mit dem Mutterinstinkt gerechnet. Seither fing er an, in Zerfall zu geraten, wie alle anderen Instinkte auch. Wir sind bereits an dem Punkt angekommen, daß von radikalfeministischen Kreisen seine Existenz überhaupt geleugnet wird. In Zukunft wird das wohl eine Wahrheit sein. Unsinnig ist es aber, daraus Rückschlüsse auf die Vergangenheit zu ziehen und zu behaupten, es hätte diese Kraft nie gegeben. Indem man den Mutterinstinkt aufgibt, gibt man das letzte preis, was der Frau im Altertum ihre Ehrwürdigkeit verliehen hat. Wir sind sozusagen am Nullpunkt angekommen. Kein Wunder, daß viele junge Frauen das empfinden und darunter leiden, aber keine Abhilfe schaffen können, weil sie nicht wissen, worum es geht. Vorläufig sieht man nur den Ausweg, sich in eine männliche Lebensweise zu retten, weil das die einzige Möglichkeit ist, ein gewisses Ansehen zu erwerben.

Es ist eine Gewissensfrage, ob wir gerade im 20. Jahrhundert, das heißt in einer Zeit, in der das Weibliche wieder eine neue Bedeutung bekommen muß, damit anfangen sollen, das Mütterliche in uns auszuklammern.

Muß der Mutterinstinkt erst vollständig erloschen sein, ehe etwas Neues kommen kann? Und was wird dieses Neue sein? Liegt es überhaupt in unserer Hand, ihn zu erhalten? Es kann keinesfalls um eine nostalgische Idealisierung des Mutterseins gehen. Die richtige Einstellung zur «Mutter in uns» zu finden, muß ein Grundlebensproblem für jeden weiblichen Menschen sein, denn die Zukunft der Menschheit hängt von den Müttern der Zukunft ab.

Vom Mutterinstinkt: Die verbotene Kammer

> Ein Rätsel: Der Bruder ist weiß, die Schwester ist schwarz.
> Jeden Morgen tötet der Bruder die Schwester, jeden Abend
> tötet die Schwester den Bruder, und dennoch sterben sie nie.
> Antwort: Der Tag ist weiß. Er ist der Bruder der schwarzen
> Nacht. Jeden Morgen tötet bei Sonnenaufgang der Tag
> die Nacht, seine Schwester. Jeden Abend tötet
> bei Sonnenuntergang die Nacht den Tag, ihren Bruder.
> Und dennoch sterben Tag und Nacht nie.
>
> *Aus einem französischen Märchen*[1]

In ihrem Buch «Mutterliebe – Geschichte eines Gefühls vom 17. Jahrhundert bis heute»[2] möchte Elisabeth Badinter den Beweis führen, daß Mutterliebe schlechterdings eine Erfindung des sentimentalen 18. Jahrhunderts sei. Sie trägt deshalb mit Fleiß Dokumente zusammen, die zeigen, wie Kinder in früheren Zeiten vernachlässigt und mißhandelt wurden. Sie führt dann aus, daß der «Mythos der spontanen Mutterliebe» erst nach 1760 entstand, daß um diese Zeit ein ganz neues Mutterbild der Fürsorge und Hingabe aufgebaut wurde als ein «Test der Opferwilligkeit, den allerdings viele Frauen noch nicht bestanden». Im 19. Jahrhundert hatten die Frauen dann mehr und mehr die gesamte pädagogische Aufgabe zu übernehmen, im 20. auch noch die psychologische. Man legte die Schwierigkeiten der Kinder nun den Müttern zur Last. Es wird geschildert, wie die Frauen nach Entfaltung ihrer Persönlichkeit strebten und die Mutterrolle bis zum Überdruß satt hätten, deshalb auch keine Schuldgefühle empfänden, eher eine gewisse Bitterkeit.

Dies alles ist nicht falsch, aber sehr einseitig gesehen. Daß Kinder sozial niederer Schichten oft ein schweres Leben hatten, hängt mit der allgemeinen Notlage zusammen. Durch das Mißverhältnis von Bevölkerungsdichte und landwirtschaftlicher Produktivität wurde Armut gerade vom 16. bis Mitte des 19. Jahrhunderts zu einem Massenschicksal. Dazu waren die Armen auch sozial diskriminiert. In zunehmendem Maße wurde Armut als moralischer Defekt angesehen, als Faulheit. Bettelnde Kinder wurden verjagt.

Ein eindrucksvolles Beispiel für das Elend der armen Bevölkerung ist das tragische Kinderschicksal des durch seine Indianergeschichten berühmt-berüchtigten Karl May[3], der aus einer Weberfamilie im Erzgebirge stammte. Seine Mutter, die ein Leben lang äußerste Armut, Hunger und einen harten, jähzornigen Mann zu ertragen hatte, schildert er geradezu als eine Heilige, die das letzte hergab für ihre Kinder. Solche Beispiele gibt es in Fülle. Natürlich gab es auch Frauen, die in Not und Verzweiflung gefühlsmäßig vollkommen verhärteten.

Elisabeth Badinters Forschungen beschränken sich außerdem auf Frankreich, das Land, wo zuallererst, bereits im 17. Jahrhundert, in adligen Kreisen eine Bewegung zur Emanzipation der Frauen entstand. Die «Preziösen», zur Zeit der Aufklärung, strebten nach Bildung des Geistes und lehnten die herkömmliche Mutterrolle ab. Das regte Molière zu seiner Komödie «Die gelehrten Frauen» an, wo er Armande sagen läßt:

Welch kleine Rolle spielst du in dieser großen Welt,
wenn dir der Zwang des Hausstands den Sinn gefangen hält.
Kann dir die Phantasie kein höhres Ziel vorgaukeln
als einen Gatten haben und kleine Kinder schaukeln?

Offenbar ist in Frankreich der Mutterinstinkt früher als in anderen Ländern zerfallen. Damit hängt es auch zusammen, daß die prominente Frauenrechtlerin Simone de Beauvoir für Frauen im Zwiespalt zwischen Beruf und Mutterschaft nicht das leiseste Verständnis hat. Für sie ist Mütterlichkeit keineswegs angeboren, sondern anerzogen, und wahrscheinlich hat sie nie die Sehnsucht nach einem Kinde verspürt.[4]

Bei Frauen, die den männlichen Teil ihres Wesens noch nicht so stark entwickelt haben, liegt die Sache anders. Die unbefangene Beobachtung ergibt – ganz unabhängig von irgendwelchen psychologischen Theorien –, daß der sogenannte Mutterinstinkt tiefer im weiblichen Menschen verwurzelt ist als der Geschlechtstrieb. Die Phantasien eines Mädchens drehen sich im allgemeinen früher um Kinder, die sie bekommen und pflegen möchten, als um den dazu notwendigen männlichen Partner. Leider berücksichtigt die moderne Aufklärung nur biologische Fakten und nicht die feineren Gefühle. Und so wird Mutterschaft nicht mehr als eine Erfüllung weiblichen Daseins dargestellt, sondern eher als ein Unglück, das es tunlichst zu vermeiden gilt. Die Mittel zur Mutterschaftsverhinderung gehören mit zum ersten, was junge Menschen überhaupt über dies Thema erfahren.

Geschlechtlichkeit und Mutterschaft gehören zu den tiefsten Geheimnissen des Daseins. Das zu seinem Geschlecht erwachende Mädchen ist in einer Lage, wie sie bildhaft dargestellt wird in den Märchen von der «verbotenen Kammer». Das bekannteste dieser Märchen ist «Marienkind» [5], und gerade dieses hat durch seine christliche Überformung manches an Ursprünglichkeit verloren. Insbesondere das Hauptmotiv, daß das Mädchen durch das Geständnis seiner Verfehlung vom Tode errettet wird, ist untypisch und stammt wohl aus dem kirchlichen Gedankengut der Sündenvergebung durch die Beichte. In der archaischeren Form wird gerade die Verschwiegenheit belohnt.

So ist es beispielsweise bei einem Märchen aus dem Donauland: «Bei der schwarzen Frau». [6] Es erzählt von einem armen Häusler, der sieben Kinder hat. Als die älteste Tochter zwölf Jahre alt ist, sucht er einen Arbeitsplatz für sie . Er begegnet einer schwarzen Frau, die ihn reichlich dafür belohnt, daß er ihr das Mädchen läßt und ihm versichert, daß sie es gut bei ihr haben solle. Sie führt nun das Mädchen fort in ein Schloß mit hundert Zimmern. Es bekommt alle Schlüssel und den Auftrag, die Zimmer nacheinander aufzuräumen und sauber zu machen, jeden Tag eines. Nur in das hundertste Zimmer dürfe sie auf keinen Fall hineingehen. Wenn sie so drei Jahre dienen würde, so könnte sie dadurch ihr Glück machen.

Das Mädchen gehorcht. Es findet in dem Schloß alles, was es braucht, und tut gewissenhaft seine Arbeit. Aber – wir können es uns schon denken – zwei Wochen, bevor die drei Jahre herum sind, kann sie ihre Neugier nicht mehr bezähmen und schaut in die verbotene Kammer.

Was sieht sie dort? Ihre Herrin, die schwarze Frau, im Zustand der Verwandlung. Sie ist schon fast weiß geworden, nur die Zehenspitzen sind noch schwarz.

Hastig schlägt das Mädchen die Türe zu, und als sie zur Rede gestellt wird, schweigt sie. Die Herrin verbannt sie aus dem Schloß. Sie findet sich in einem wilden Wald wieder, nur dürftig bekleidet. Dort lebt sie, bis ein Königssohn sie bei der Jagd aufspürt, mit nach Hause nimmt und zu seiner Frau macht. In den darauffolgenden Jahren bringt sie drei Kinder zur Welt. Jedesmal erscheint bald nach der Geburt die schwarze Frau und fragt: «Was hast du im hundertsten Zimmer gesehen?» Sie schweigt hartnäckig. Die schwarze Frau nimmt ihr daraufhin die Kinder weg und macht sie beim erstenmal taub, beim zweitenmal stumm, beim drittenmal blind.

Sie wird verleumdet und angeklagt, ihre Kinder getötet zu haben, und schließlich zum Tode verurteilt. Bereits auf dem Scheiterhaufen erscheint ihr wieder die schwarze Frau und stellt zum letztenmal ihre Frage. Als sie auch diesmal noch schweigt, ist die schwarze Frau erlöst, sie wird licht und weiß, löscht das Feuer und bringt auch die Kinder wieder herbei.

Es soll hier auf einige für unseren Zusammenhang wesentliche Aussagen dieses Märchens hingedeutet werden. In allen Varianten dieses Märchentyps ist das Mädchen etwa im gleichen Alter – nämlich in der Pubertät – als es von seinen Eltern entfernt wird und sich allein in einem Dienst bewähren muß. Ihre neue Welt ist sehr viel größer als ihre Kinderwelt gewesen ist, aber es ist eine Innenwelt: ein großes Schloß mit vielen Zimmern. Man könnte sagen, sie entdeckt ihr Innenleben, ihr Seelisches. Sie bemerkt plötzlich eine Vielfalt von neuen Lebensgebieten, die sie auch pflegen muß. Sie weiß aber, es gibt einen Raum, der ihr noch verweigert ist, und gerade dieser ist die ureigenste Sphäre der weiblichen Gestalt, der sie dient.

Sie dringt dennoch ein. Sie entdeckt *die Mutter in sich*. Daß diese zunächst schwarz ist, heißt, daß sie sich noch im Nachtbereich des Unbewußten befindet. Im dienenden Heranreifen des jungen Mädchens hat es aber, ohne davon zu wissen, an der Wandlung dieser Gestalt gearbeitet. Fällt zu früh das Tageslicht in diesen Bereich, so ist die Entwicklung gestört und somit zunächst hinfällig.

In allen alten Kulturen gab es Dinge, die «tabu» waren, über die wegen ihrer großen Heiligkeit nicht gesprochen werden durfte. Sie durften nicht profaniert werden. Bei der jütischen Göttin Nertus, der Göttin der Empfängnis, die nicht mit Augen geschaut werden durfte, ging es um ein solches «tabu». Auch die «schwarze Frau» hat mit dem heiligen Geheimnis des Werdens zu tun. Das Mädchen sah die verehrte Frau, während diese in Wandlung, in Metamorphose begriffen war. Es erschrak darüber zutiefst und beschloß, zu schweigen.

In einer Besprechung dieses Märchens von Ingrid Riedel[7] schreibt diese: «Nicht kindlich angstvolles Lügen wird hier bestraft und schließlich vergeben, sondern ein standhaft wissendes Verschweigen wird belohnt... Es wird spürbar, daß die junge Frau mit ihrem Schweigen und ihrem Nein eine hintergründige gewaltige Macht aus ihrem Bann gelöst hat. Damit... erweist sich das Donaumärchen als die ursprünglichere, kraftvollere – gerade weil für unser modernes Bewußtsein anstößige Fassung, in der wir nicht einfach die Werte unserer späten Zeit wiederfinden, sondern alte Werte neu entdecken können...

Das Mädchen erweist sich... als ein Mensch, der der Heiligkeit und Würde des Tabus die schuldige Ehrfurcht erweist, auch nachdem es diese verletzt hat; und diese Haltung entspricht der des frühen Menschen gegenüber einer göttlichen Gestalt und ihren Geboten.»

Es gibt übrigens eine andere Variante dieses Märchens, in der das Wesen, das sich in der Kammer befindet, dem Mädchen geradezu das Versprechen abnimmt, zu schweigen.

Ein erster Tabubruch ist allerdings durch das Öffnen der verbotenen Tür gegeben. Die Frage, was geschehen wäre, wenn dies nicht stattgefunden hätte, liegt auf der gleichen Ebene wie die, wie die Menschheitsentwicklung verlaufen wäre, wenn Adam und Eva den Apfel nicht gegessen hätten. Die Verstoßung in den Wald ist vergleichbar mit der Vertreibung aus dem Paradies. Das Mädchen fühlt sich entblößt und sucht sich zu verbergen in einer dumpfen vegetativen Welt, dem Wald, der gewiß kein moderner Forst, sondern eine Art Urwald war.

Welcher junge Mensch macht wohl im Alter zwischen zwölf und zwanzig Jahren nicht irgendwie Bekanntschaft mit diesem Wald? Oft tritt das Gefühl auf, irgendwie entblößt zu sein, es nicht ertragen zu können, wenn man aufmerksam angeschaut wird. Stumm, taub, blind, so zeigt sich auch mancher in der schwierigen Zeit der Geschlechtsreife. Daß die junge Königin ihre Kinder gleich nach der Geburt wieder verliert, könnte man vielleicht so sehen, daß sie zur Mutterschaft noch nicht bereit ist. Sie muß erst noch eine Willensprobe bestehen, eine Prüfung ihrer Durchhaltekraft, die viel härter ist als die erste und sie bis an die Schwelle des Todes führt.

Was für ein Wesen ist die schwarze Frau? Es wäre absolut verfehlt, hier irgendwelche rassistischen Assoziationen zu haben. Es ist deutlich eine Muttergestalt, aber nicht die äußere, sondern die «innere» Mutter. Die äußere wäre die Mutter des Mädchens, die innere ist die Mutter, die in Zukunft aus dem Mädchen werden kann. Nimmt sie nicht später auch die Mutterstelle bei dessen Kindern ein? Schwarz ist sie, weil sie noch im Nachtbereich der Seele ruht, noch nicht «verwirklicht» ist. Die Entwicklung geht immer vom Dunklen, Unbewußten zum Hellen, Bewußten hin (bei der schwarzen Rasse ebenso wie bei der weißen). Dabei klärt sich das, was dunkel im Schoße der Zukunft ruhte, immer mehr auf.

Es ist aber auch nicht gut, die Dinge zu früh der Nacht des Unbewußten zu entreißen. Der Mensch braucht zur Aufrechterhaltung seiner Lebensprozesse die regenerierende Kraft der Nacht. Nicht umsonst wechseln Tag und Nacht sich in heilsamer Art ab.

In einer slovenischen Variante unseres Märchens befindet sich in der verbotenen Kammer nicht eine schwarze Frau, sondern «Maria, die Verwünschte»[8], die dort auf einer feurigen Schaukel schaukelt. Verwünscht ist sie, weil sie aus dem Bereich des Tagesbewußtseins verbannt ist, zu dem sie aber, wie der Name sagt, doch Bezüge hat. Sie ist wie ein Schatten der lichten Maria. Zu diesem Märchen schreibt Ingrid Riedel: «Durch das Schaukeln im verbotenen Zimmer wird ausgependelt, was aus dem Gleichgewicht geraten ist, es wird wieder ins Lot gebracht und schwingt in einem ewigen Rhythmus nach vorwärts und rückwärts aus.» Und dies alles geschieht «im Kontakt mit dem Feuer, dem Wandlungsfeuer, wie es die Alchemie kennt, da sie unserem Bewußtsein neu anverwandelt und dadurch erlöst werden muß.»

In einem anderen Märchen[9] (aus dem Harz) wird erzählt, wie einem Vater seine Tochter von einer «grünen Jungfer» entführt wird. Er sucht sie und findet sie wieder in einem Waldhäuschen. Dort sitzt sie auf einem Thron der grünen Jungfer gegenüber, die von Gnomen umringt ist. Die Jungfer ist halb Fisch und halb Mensch. Er nimmt die Tochter wieder mit nach Hause. Durch den Aufenthalt in dem Waldhäuschen ist sie aber viel schöner geworden, so schön, daß der Königssohn sie zur Gemahlin begehrt.

Ein Mädchen, das die «Mutter in sich» entdeckt hat, das zum Bewußtsein seiner Geschlechtlichkeit erwacht ist, gewinnt an Anziehungskraft, sie wird «schöner».

Offensichtlich hat die Waldhütte eine ähnliche Funktion wie die verbotene Kammer, denn der weitere Verlauf des Märchens ist sehr ähnlich wie bei der «schwarzen Frau». Hier lautet die Frage, die die grüne Jungfer jeweils an die junge Frau stellt: «Hast du mich in meiner Drangsal gesehen?», und sie antwortet: «Herzliebe Mutter, ich habe dich nicht gesehen!»

Es wird in dieser Formulierung sehr deutlich, daß die Kammer verboten ist oder daß zumindest das Gesehene beschwiegen werden muß, weil das dort befindliche Wesen sich in Drangsal befindet, in Werdepein. Es hat Entwicklungsschmerzen. Die frühen Stadien einer Entwicklung müssen im Verborgenen bleiben wie das keimende Samenkorn unter der Erde oder der wachsende Embryo im Mutterleib. Dies ist eine Gesetzmäßigkeit des Werdens.

Auch für den Umgang mit der eigenen Geschlechtlichkeit gibt es eine «rechte Zeit», sie sollte nicht zu früh «entdeckt», das heißt aufgedeckt werden. Daher ist «Beschweigen» doch oft die bessere Lösung als zu vieles Besprechen. Die seelisch rechte Zeit liegt erheblich später als die körperliche Reife. Bei Mädchen muß, bildlich gesprochen, erst die Auseinandersetzung mit der «inneren Mutter» zu einem gewissen Abschluß gekommen sein, ehe wirkliche Bereitschaft zum Eintritt in die Geschlechtlichkeit vorhanden ist. Bei manchen liegt dieser Zeitpunkt erst erstaunlich spät (etwa Mitte der zwanziger Jahre).[10]

Bei dem besprochenen Märchentyp findet immer *zuerst* die Begegnung mit der «inneren Mutter» statt, dann erst die mit dem Geschlechtspartner. Wo es umgekehrt ist, das heißt wo ein Mann als Freier auftritt und die Braut erst durch ihn mit der verbotenen Kammer konfrontiert wird (z. B. Blaubart, Fitchers Vogel), ist der Mann ein Wüstling und das Zimmer enthält ein Blutbad. Das bestätigt die Ansicht, daß in der weiblichen Entwicklung die Mütterlichkeit zeitlich die Priorität vor dem Geschlechtlichen hat.[11]

Es gibt auf diesem Gebiet außerordentlich viele Mißverständnisse. Natürlich ist es für junge Mädchen verlockend, vorzeitig die «verbotene Kammer» aufzuschließen. Aber ihr sexuelles Verhalten ist oft viel mehr von Neugier bestimmt als von Bedürfnis. Oder es fehlt an Geduld, den rechten Zeitpunkt abzuwarten. Meines Erachtens sind die Unterschiede zwischen männlichem und weiblichem Empfinden auf sexuellem Gebiet noch überhaupt nicht deutlich genug herausgearbeitet. Es gibt auch auf diesem Gebiet «Modeströmungen», und gerade junge Menschen neigen dazu, Verhaltensweisen nachzumachen, die ihnen von der «allgemeinen Meinung» suggeriert werden. Ein interessantes Beispiel für die hier angesprochenen Mißverständnisse ist das folgende:

Man hat im Rahmen der Sexualforschung eine Gruppe von 18–45jährigen Frauen nach dem Motiv für ihren ersten geschlechtlichen Kontakt mit einem Manne befragt, ebenso befragte man Männer, was ihrer Ansicht nach das Motiv ihrer Partnerin gewesen sei. Etwa 73 % der Männer meinte «eigener Trieb» (Libido), 5 % «Angst, den Partner sonst zu verlieren». Bei den Frauen war es gerade umgekehrt: 6 % sagte «eigener Trieb», 76 % «Angst, den Partner sonst zu verlieren».[12] Kann man von Befreiung der weiblichen Sexualität sprechen, wenn lediglich die Angst, ein Kind zu bekommen, durch eine andere Angst ersetzt worden ist? Früher wurde das Argument, jetzt kein Kind haben zu wollen, von einem verantwortungsbewußten Partner akzeptiert und nicht als Lieblosigkeit ausgelegt. Heute fühlen sich viele Mädchen dazu genötigt, sich hinzugeben, um den geliebten Mann an sich zu binden.

Die Weisheit der Märchen leuchtet in tiefe Hintergründe des Unterschiedes zwischen dem Männlichen und dem Weiblichen. Das Märchen von der Erlösung der schwarzen Frau schildert eine Willensprobe, die an die Todesgrenze führt und damit der erwähnten Probe des Stiersprungs aus der minoischen Kultur entspricht. In dieser Form wird sie immer Mädchen auferlegt.

Das seelische Chaos, in das Knaben wie Mädchen durch das Erwachen der Begierdenwelt in der Pubertät gestürzt werden, ist offenbar beim männlichen und beim weiblichen Geschlecht durchaus unterschiedlicher Natur. Der Mann sehnt sich nach der Erfüllung im Weiblichen, die Frau nach der Erfüllung in der Mutterschaft.[13]

Es gibt im Märchen auch eine Probe für den männlichen Helden, nämlich «die Erlösung der schwarzen Jungfrau». Auch diese ist mit außerordentlich harten Proben verbunden, den sogenannten Qualnächten. Ein Beispiel ist das Grimmsche Märchen «Der Königssohn, der sich vor nichts fürchtet». Dieser Königssohn muß drei Nächte im großen Saal eines verwünschten Schloßes zubringen. Jeweils um Mitternacht kommen kleine Teufel, die ihn schlagen, stechen, schleifen, zwicken und quälen. Dabei darf er keinen Laut von sich geben und sich nicht fürchten. Töten können sie ihn nicht. Jeden Morgen kommt eine schwarze Jungfrau herein und heilt und pflegt ihn mit Lebenswasser. Am ersten Morgen sind ihre Füße schon weiß geworden, am zweiten ist sie weiß bis zu den Fingerspitzen und am dritten ist sie vollständig erlöst und weiß und licht wie der helle Tag. Auch in diesem Märchen geht es nicht um Taten, sondern um geduldiges Ausharren und Ertragen von Schmerz und Leid. Die Situation erinnert an die Versuchung des Heiligen Antonius und hat wohl auch eine ähnliche Bedeutung.

Der Mann muß Prüfungen bestehen, um eine Frau zu erwerben, das Mädchen, um Mutter werden zu dürfen.

Es sollte in diesem Kapitel mit Hilfe der Märchenbilder darauf hingewiesen werden, daß die Mutterliebe eine im weiblichen Menschen tief verwurzelte Naturanlage ist, eine Tatsache, die eigentlich keines Beweises bedarf. Es mag sein, daß es heutzutage Frauen gibt, die den Mutterinstinkt schon nahezu vollständig verloren haben. Es gibt aber auch sehr viele, bei denen er noch vorhanden ist und beim Anblick des Kindes, das sie geboren haben, oder spätestens, wenn sie es zum Stillen an die Brust nehmen, mit Wärme erwacht.

Es ist eine berechtigte Frage, ob es zeitgemäß sei, an alte Instinkte anzuknüpfen, die auch in der Tierwelt vorhanden sind. Liegt es nicht im Fortschritt der menschlichen Entwicklung, daß sie verloren gehen?

Sie werden verloren gehen, aber dies kann auf zweierlei Art geschehen. Man kann passiv warten, bis sie verschwunden sind, dann handelt es sich um den Verlust einer wertvollen Naturkraft. Man kann sie aber auch umwandeln, indem man sie ergreift und erweitert. Rudolf Steiner beschreibt einmal die Entwicklung vom Egoismus zum Altruismus, indem er gerade das Beispiel der Mutterliebe wählt. Zunächst hat die Mutterliebe zweifellos etwas Egoistisches. Man liebt sein Kind wie einen Besitz, ja wie einen eigenen Körperteil. Mit der Zeit breitet sich die Fürsorglichkeit auf mehrere Personen, auf die ganze Familie aus. Auch dies kann man noch Egoismus, Familienegoismus nennen. Wenn die Familie sich aber nicht in sich selbst abschließt, sondern nach außen öffnet, so können andere Menschen mit hinein genommen und von ihrer Wärme umschlossen werden.

Was eine Frau in ihrer Familie an sozialen Eigenschaften erübt – mütterliche Aufmerksamkeit und Hinwendung – kann schließlich einem immer größeren Menschenkreis zugute kommen. So entwickelt sich mit der Zeit aus einem Instinkt echte Liebeskraft, die nicht mehr ausschließend ist, nichts mehr für sich haben will, nicht mehr «das ihre sucht», sondern zur allgemeinen Menschenliebe geworden ist.

Das Tor zur Mutterschaft

Empfängnis

Immer nahn uns ungeborne Seelen
Wenn wir atmen, Brust an Brust,
Suchen sich ins Leben einzustehlen
Auf der Woge unsrer Lust.

Scherz und Kuß und inniges Vergeuden,
Unerschöpflich blinde Nacht!
Morgenfrühe ruft zu frischen Freuden;
Doch das neue Sein erwacht,

Und nun möchte Aug in Auge sehen.
Fühlst du, was in uns beginnt?
Neue Sonne zwingt uns, zu gestehen,
Ob wir ihres Willens sind.

Hans Carossa

In alten Zeiten wurde das Leben der Menschen von Riten und Traditionen geregelt und begleitet. Damit wurden Bewußtseinsstützen von außen gegeben. Man wurde mit Nachdruck darauf aufmerksam gemacht, wenn eine neue Lebensstufe erreicht war. Dann feierte man ein Fest, um das Neue zu begrüßen und von dem Alten Abschied zu nehmen: die Jahreszeitenfeste, die Hochzeiten, Kindtaufen und Beerdigungen.

Es ist charakteristisch, daß es in unserer Zivilisation schon ganz äußerlich immer weniger Tore und Schwellen gibt. Man liebt es, wenn ein Raum unvermerkt in den anderen übergeht, die Türe sich geräuschlos automatisch öffnet, die Rolltreppe uns anstrengungslos von einer Etage in die andere gleiten läßt. Ebenso gleitet man gern von einer Lebenssituation in die andere. Man glaubt freier zu sein, wenn man keine Zäsuren setzt und immer noch verschiedene Möglichkeiten offen läßt. In Wirklichkeit ist es umgekehrt: Läßt man die Dinge laufen, wie sie von selbst gehen, so stellen sich unversehens Nötigungen von außen ein. Wenn man nicht selbst die Entscheidungen trifft, so werden einem die neuen Situationen aufgezwungen.

Im Gesamtleben sind die Tore der Geburt und des Todes die deutlichsten Einschnitte, aber auch hier sind Verdrängungsmechanismen am Werk. Den Tod ignoriert man gern, so lange es nur irgend möglich ist. Nach der Geburt eines Kindes möchte man möglichst rasch wieder genauso leben wie zuvor.

Die Hochzeit war früher für eine Frau meist zugleich auch der Abschied vom Elternhaus und oft der Beginn der ersten Schwangerschaft. Die Gefühle der Braut waren gemischt aus Freude und Schmerz. Viele Gebräuche legten ihr nahe, daß dieser Schwellenübertritt nicht rückgängig zu machen war. Es gab die Sitte des Brautraubs, wovon es noch ein letzter Überrest ist, wenn der Bräutigam die Braut über die Schwelle hebt. Bei den Griechen wurde die Achse des Wagens, auf dem die Braut zum Hause des Bräutigams gefahren war, verbrannt, damit diese nie an Rückkehr ins väterliche Haus denken möge. Auch daß die Braut weint, wie es vielerorts Sitte ist, betonte die Endgültigkeit des Abschieds.

Gerade dieses möchte man heute vermeiden. Man findet es keinen so großen Unterschied, ob man verheiratet ist oder nicht. Das Elternhaus hat man meist schon vorher verlassen, die Mutterschaft hat entweder schon vorher begonnen oder kann noch hinausgeschoben werden.

Allerdings könnte man sich manchen Kummer sparen, wenn man den Beginn des Zusammenlebens mit einem selbstgewählten Geschlechtspartner deutlicher als Lebensstufe betonte. Man glaubt häufig, durch ein versuchsweises, sozusagen «provisorisches» Zusammenleben sich am besten für eine spätere eventuelle Ehe zu rüsten. Dies ist nur sehr bedingt richtig. Natürlich kann man auf die Art feststellen, welche Egoismen und störenden kleinen Gewohnheiten der Partner hat. Die meisten Eheschwierigkeiten entzünden sich ja an lächerlichen Kleinigkeiten. Aber man baut sein Lebensgebäude auf die Art von unten nach oben, was für physische Häuser gilt, und nicht von oben nach unten, wie es eine Gesetzmäßigkeit für geistige Gebilde ist.

Der Einschnitt, den der Eintritt in eine Lebensgemeinsamkeit bedeutet, ist für eine Frau noch gravierender als für einen Mann. Nicht nur daß sie von nun an immer noch in den meisten Fällen die Verantwortung für den gemeinsamen Haushalt übernimmt, sondern die Auseinandersetzung mit der Frage einer möglichen Schwangerschaft oder deren Vermeidung hat für die Frau einen existentiellen Charakter.

Es ist ein interessantes sprachliches Phänomen, daß fast alle männlich-weiblichen Substantive einen männlichen Stamm haben (Schneider) und durch eine angehängte Endung ins Weibliche umgeformt werden können (Schneiderin), mit Ausnahme des Wortes «Braut», das durch eine Zufügung zum Bräutigam wird. Die Braut ist wichtiger als der Bräutigam – im Bewußtsein alter sprachschöpferischer Zeiten.

Nun muß ein Zusammenleben nicht gleich eine Schwangerschaft beinhalten. Die Freiheiten, die Frauen und Mädchen sich seit zwanzig bis dreißig Jahren durch die verschiedenen Mittel zur Empfängnisverhütung erworben haben, gehen ja in die Richtung, daß Frauen ebenso wie die Männer intimen Verkehr ohne körperliche Folgen haben können. Diese Folgen, die Möglichkeit einer Schwangerschaft, liegen allerdings in der Natur des weiblichen Körpers begründet. Scharf ausgedrückt kann man sagen: Wir leben in einer Zeit, in der die Frau sich von ihrem weiblichen Körper emanzipieren möchte, indem sie sich Freiheiten erworben hat, die naturgemäß männlich sind. Wenn dies durch Eingriffe in den Hormonhaushalt geschieht, so sind die dadurch für den weiblichen Organismus entstehenden Schäden in ihrer vollen Tragweite noch gar nicht abzusehen. Eine weitere Folge ist, daß auch die Männer die zusätzliche Freiheit gewonnen haben, die Empfänglichkeit des weiblichen Körpers nicht mehr zu berücksichtigen, da Verhütung ja möglich wäre, und, je legaler die Abtreibung wird, auch diese gefordert werden kann.

Bezüglich des gemeinsamen Lebens gibt es natürlich keine allgemeingültige Regel, wann und wie es zu beginnen hat. Es ist ein großer Gewinn, daß wir die Möglichkeit zu wirklich freier Entscheidung gewonnen haben, indem die äußeren Zwänge abgebaut sind. Sich frei entscheiden heißt aber nicht, etwas zu tun, weil andere es auch tun. Es setzt vielmehr ein Bewußtsein von den verschiedenen Möglichkeiten und deren Konsequenzen voraus. In feministischen Kreisen wird von Ehe und Mutterschaft öfters als von einer «Falle» für die Frau gesprochen, das heißt, es wird vorausgesetzt, daß es sich um eine Lage handelt, in die man unversehens, ja sogar ungewollt gerät. Daß Ehe eine Falle sein kann, liegt nicht an der Ehe, sondern am mangelnden Situationsbewußtsein der Eheschließenden.

Hat man sich nun aber aus freiem Willen dafür entschieden, beieinanderbleiben und das Leben miteinander verbringen zu wollen, so kann dieser Entschluß bekräftigt und verstärkt werden, indem man ihn öffentlich ausspricht im Rahmen einer kirchlichen Trauung. Dies kommt allerdings nur in Frage, wenn bei den Partnern eine religiös gefärbte Grundlebensstimmung vorhanden ist, so daß eine solche Handlung einen Realitätswert für sie hat und nicht nur eine Formsache ist wie die standesamtliche Trauung. Niemals sollten konventionelle Gründe dahinter stehen oder die löbliche Absicht, irgendwelchen Drittpersonen damit eine Freude machen zu wollen. Das Motiv für eine kirchliche Trauung kann sein, ein Zeichen setzen zu wollen, durch das das eigene und das Bewußtsein der Mitmenschen gestärkt und von der Wichtigkeit dieses Augenblicks durchdrungen werden soll. Vielleicht werden wir mit der Zeit einmal dahin kommen, daß das Bewußtsein der Menschen so stark ist, daß es keinerlei äußerer Zeichensetzung mehr bedarf. Gegenwärtig sind wir noch ziemlich weit davon entfernt.

Im Trauritual der Christengemeinschaft, einer Bewegung für religiöse Erneuerung [1], geben Braut und Bräutigam nicht, wie sonst üblich, ein Treuegelöbnis ab, sondern sie sprechen ihr «ja» zu der Frage, ob der Entschluß zu dieser Lebensgemeinsamkeit ein geistiger, das heißt aus der Freiheit der beiden Individualitäten entspringender sei. Dies kann in der Vorbereitung der Trauung Grund zu gründlicher Selbstbesinnung sein, denn es hebt diesen Lebensschritt auf ein Niveau, das weit über dem alltäglichen liegt. Das ist ja der Sinn einer Feier, eines Festes, daß man hinausgehoben wird über die Alltäglichkeit und dadurch ein neuer Einschlag ins Leben hineinkommen kann.

Nach zwei Richtungen kann man bei einer Hochzeit den Blick wenden. Der Blick in die Vergangenheit sagt: Wir glauben, daß wir beide schicksalsmäßig etwas miteinander zu tun haben. Unsere Begegnung ist eine Art von Wiederbegegnung.

Adalbert Stifter beschreibt in einer Erzählung die erste Begegnung eines jungen Mannes mit einem Mädchen mit folgenden Worten: «Ihr Erscheinen in dem Kreis meiner Vorstellungen wirkte wie ein Riß in dieselben. Ich kann nicht sagen, daß ich sie liebe; denn man liebt ja nur, was man kennt – und doch ist's, als wäre sie vor ungezählten Jahren in einem andern Sterne meine Gattin gewesen.» [2]

Nicht alle Menschen erleben diesen Vergangenheitsaspekt so intensiv. Der andere, der zukünftige, ist auch noch wichtiger. Er hat einen rein irdischen Entschluß zum Inhalt: Wir möchten das Verhältnis, in dem wir zueinander stehen, unsere Liebe, aus der Ebene des Nur-Seelischen erheben in die Region selbstgeschaffener Entschlüsse und Verantwortlichkeiten. Wir möchten unseren Willen in die Treue stellen. Mit unserer Gemeinsamkeit können unsere Mitmenschen rechnen. Sie soll der Boden sein für die Kinder, die wir uns wünschen. Indem wir uns Kinder wünschen, fügen wir uns mit ihnen als kleinste soziale Gemeinschaft in die Gesamtheit der Menschheit ein. Wir wollen uns nicht von der übrigen Welt abschließen, sondern unsere Familie soll offen sein für jeden, dem dies Freude oder Hilfe bedeutet.

Der christliche Aspekt der Ehe ist der, sein individuelles Schicksal so ausleben zu wollen, daß damit etwas zum Fortschritt der Gesamtmenschheit beigetragen wird. Dies geht über die Suche nach persönlichem Glück hinaus.

Dies alles ist ein Ideal, das wohl selten erreicht wird. Soll man es deshalb nicht anstreben? Es kann wie ein Leitbild wirken, an dem man sich immer wieder orientieren kann.

Im ersten von Rudolf Steiners Mysteriendramen «Die Pforte der Einweihung» haben die beiden Hauptpersonen des Dramas, Maria und Johannes Thomasius, eine gewaltige Imagination, in der sie schauen, wie ihr Lebensbund den Segen der geistigen Welt erhält. Dies Erlebnis festigt in ihnen die tiefe Überzeugung davon, wie eng ihre beiden Leben zueinander gehören. Sie erleben sozusagen einen «geistigen Kultus», von dem jeder irdische nur ein Abbild sein kann.

Doch selbst auf dieser geistig hochstehenden Stufe sind Kurzschlüsse möglich. Sie müssen sich sagen lassen:

Ihr habt im Bilde schauen dürfen,
Was in der Zukunft euch beschieden ist,
Wenn ihr die volle Prüfung könnt bestehen.
Daß euch des Strebens Früchte sind gezeigt,
Beweist euch nicht, daß ihr
Des Strebens Ende habt erreicht.
Ihr habt ein *Bild* erblickt – –,
Doch euer Wille kann allein
Das Bild in Wirklichkeit verwandeln.

Das Sakrament der Eheschließung in einem modernen Sinn kann nicht mehr und nicht weniger leisten als auf ein solches Bild der Gemeinsamkeit hinzuweisen. Die Verwirklichung wird dadurch nicht geschenkt. Es ist sozusagen ein Appell an den Willen, und darin gerade besteht sein religiöser Charakter.

Es ist ein Unterschied für ein gemeinsames Leben, ob man es damit beginnt, daß man sich sagt: Wir wollen unserem Willen zur Gemeinsamkeit eine Stütze geben, oder mit dem Gedanken: Wir wollen alles möglichst offen lassen, damit es uns leicht wird, wieder auseinander zu gehen.

Der Ernst und die Gewichtigkeit des gemeinsamen Lebens von Mann und Frau liegt darin, daß es hier um mehr geht als um das Einverständnis eines Ich mit einem Du. Carossa drückte es poetisch und doch sachlich korrekt in seiner ganzen Tiefe und Bedeutsamkeit aus mit den Versen:

> Immer nahn uns ungeborne Seelen,
> wenn wir atmen Brust an Brust,
> suchen sich ins Leben einzustehlen
> auf der Woge unsrer Lust.

Auch Morgenstern schrieb ein Gedicht darüber, das er «Mysterium» nannte:

> Unsichtbare Bande weben
> zwischen uns geheime Mächte,
> wirken in ein einzig Leben
> unsre Tage, unsre Nächte.
>
> Und so wachsen wir zusammen
> bis wir ganz uns selbst entglitten.
> Über unsern Häuptern flammen
> schon die Augen eines Dritten.

Bildhaft ist diese spirituell-reale Situation dargestellt auf einem der farbigen Glasfenster des Goetheanum in Dornach bei Basel in der Schweiz. Man sieht dort über dem Manne und der Frau, geistige Ströme herabsendend, das Wesen, das sich verkörpern möchte, mit einem Januskopf. Es schaut zurück auf frühere

Seinsformen und zugleich vorwärts auf das Paar, mit dem es sich verbinden möchte. So ist es mit daran beteiligt, daß die schicksalhafte Begegnung der zukünftigen Eltern stattfinden kann.

Ein Kind wird nicht durch die Konzeption geschaffen. Es wirkt vor seiner Geburt hinein in die Gefühle, die zwischen Mann und Frau hin- und herweben. Rudolf Steiner beschrieb in einem Vortrag, wie das Seelische des Kindes hineinstrahlt in die Liebesleidenschaft, in das Liebesgefühl seiner Eltern: «Wenn wir diesen Gedanken ganz durchdenken, so müssen wir sagen: Der sich wiederverkörpernde Mensch ist durchaus beteiligt an der Wahl seiner Eltern... Wir sehen, daß das Kind in einem gewissen Sinne die Eltern vorher liebt, schon vor der Befruchtung, und dadurch zu ihnen hingetrieben wird. Die Elternliebe ist also die Antwort auf die Liebe des Kindes, sie ist die Gegenliebe.» [3]

Es ist wichtig, daß Mann und Frau ein Bewußtsein von dem Dasein dieses unsichtbaren Dritten in ihrem Bunde haben und sich auch darüber aussprechen. Über dieses Thema gibt es ausführliche Darstellungen in dem Buch «Gespräche mit Ungeborenen» [4]. Die Träume, die sehr konkreten Gefühle, die sich der herabsteigenden Seele zuneigen, können wir immer stärker ins Bewußtsein heben, denn «Empfängnis» ist eben nicht nur ein physischer, sondern auch ein seelisch-geistiger Vorgang.

«Die Seele wird von der Seele empfangen», diese Worte erklangen wie Glockentöne während eines eindrucksvollen Traumes, den ein junges Mädchen während seiner Verlobungszeit träumte. Es sah dabei eine schöne Frau, die es nicht kannte, aber häufig gesehen hatte, in schwangerem Zustand. Ihr Leib war durchsichtig wie Glas, und man konnte deutlich das ungeborene Kind sehen. Ein solcher Traum kann richtunggebend für jede Mutterschaft sein, denn er enthält zugleich Hinweis wie Aufforderung, bei jeder Schwangerschaft intim hinzulauschen darauf, was das für ein Wesen ist, das zu uns kommen möchte.

Es ist sehr gut möglich, schon vor der Geburt ein ziemlich deutliches Bild von Charakter und Temperament eines Kindes zu haben. Die Suche nach einem passenden Namen, wenn sie nicht abstrakt nach äußeren Gesichtspunkten erfolgt, kann uns in die richtige Seelenstimmung bringen. Nach der Geburt tritt diese Art von Wesenswahrnehmung zunächst etwas zurück, wird von der physischen Erscheinung überdeckt.

Der ständige Leistungsdruck, das Bedürfnis, es den Männern gleichzutun oder sie zu übertreffen, hat die Frauen dahin gebracht, Schwangerschaft und möglichst auch Mutterschaft weitgehend zu ignorieren und so zu tun, als könne man das alles ganz nebenbei erledigen. Man hat sich dadurch um wichtige Erlebnisse gebracht. Eine Frau, die ein Kind erwartet, sollte Zeit haben, sich in Ruhe und Besinnlichkeit auf das Kommende einzustellen. Für sie selbst und ihr Kind hat es eine große Bedeutung, wie sie diese Zeit verbringt, ob es ihr gelingt, die innere Unruhe, die jeder von uns in sich hat, zu vertreiben und ein Gefühl für das zu entwickeln, was in ihr vorgeht.

Der eigene Körper, den man kennt als Behausung seiner Seele, auf den man glaubt Besitzansprüche zu haben, ja mit dem man sich weitgehend identifiziert, wird plötzlich der Träger eines kosmisch-natürlichen Geschehens, das weit über das eigene Verständnis hinausgeht. Man fühlt sich verdrängt, und das morgendliche Übelsein, unter dem viele Frauen leiden, mag damit zusammenhängen, daß der eigene Leib sie nicht mehr annehmen will.

Es muß aber durchaus nicht sein, daß derartige Beschwerden auftreten. Sie sind mir, obwohl ich vier Kinder zur Welt gebracht habe, nur vom Hörensagen bekannt. Hingegen erinnere ich mich, daß ich zu Beginn einer Schwangerschaft öfters ein merkwürdiges Ziehen nach unten spürte, so als wollte die Erde nach mir greifen. Dies war für mich sogar ein Anzeichen dafür, daß ich schwanger war, noch ehe ich durch das Ausbleiben der Periode Sicherheit haben konnte. Man fand es damals (in den sechziger Jahren) noch nicht so dringend, sofort zum Arzt zu gehen. Als ich das vierte Kind erwartete, ging ich im fünften Monat erstmals zu einer ärztlichen Untersuchung. Ich hatte vorher einfach keine Lust, meinen Zustand mit einem Außenstehenden zu teilen.

Die medizinische Seite der Angelegenheit erschien mir ohnehin als die sekundäre. Daher hatte ich auch vier Hausgeburten. Es ist schöner, in der vertrauten Umgebung zu bleiben, solange keine zwingenden Gründe dagegen sprechen. Man fühlt sich wohler und hat mehr Möglichkeiten, selbst zu bestimmen, was geschieht.

Es ist klar, daß eine schwangere Frau zunächst eine große Unsicherheit ihrem eigenen Zustand gegenüber empfindet. Da ist man empfänglich für alles, was einem von medizinischer Seite als notwendig suggeriert wird, von der Ultraschalluntersuchung bis zur Elektrode im Kopf des Kindes. Junge Mütter sollten selbstsicher genug sein, sich dagegen zu wehren und sich darauf zu verlassen, daß eine Geburt ein natürlicher Vorgang ist. Die Medizin hat nur die Aufgabe, in Notfällen helfend einzugreifen. Und Notfälle sind Ausnahmen.

Furchtlosigkeit und Seelensicherheit sind Eigenschaften, die eine Mutter sich nicht rauben lassen darf. Es geht ja nicht nur um sie selbst, sondern hat auch Einfluß auf das Kind.

Der Film von Roman Polansky «Rosemary's Baby» hat viele Menschen sehr erschreckt. Dort wird eine schwangere Frau durch seelische Bearbeitung und Teufelskulte so zubereitet, daß das Kind, das sie gebiert, ein kleiner Teufel wird. Die Art der Beeinflussung ist vor allem die, daß panische Ängste, Befürchtungen und Unsicherheiten in der jungen Frau erzeugt werden und sie dadurch immer manipulierbarer wird. Mir kam, gleich nachdem ich den Film gesehen hatte, der Gedanke, daß es sich hier um eine Umkehrung der Merlinsage[5] handelt. Merlin ist ein Zauberer, der im Umkreis der Artussagen eine große Rolle spielt. Er ist «der Sohn des Teufels und einer reinen Jungfrau». Die Sage erzählt: Ein Mädchen war durch schwierige Lebensumstände in die Gewalt des Teufels geraten und wurde schwanger von ihm. Sie ging in den Wald zu einem weisen Einsiedler und fragte ihn um Rat. Dieser verschaffte ihr eine Unterkunft in einem alten Turm mitten im Wald, wo sie die Zeit ihrer Schwangerschaft ganz einsam mit Beten und inneren Übungen verbrachte unter Anleitung des Einsiedlers. Dadurch verlor der Teufel die Macht über sie und auch über das Kind, das zwar geboren wurde mit Eigenschaften des Teufels, nämlich überragender Intelligenz und Zauberkraft, aber durch den Einfluß der Mutter diese Kräfte in den Dienst des Guten stellte.

Die Macht des Teufels besteht darin, daß wir ihn fürchten. Wenn wir uns fürchten, geben wir den bösen Mächten Gewalt über uns. Aber selbst dort, wo Böses veranlagt ist, besteht – wie die Merlinsage es darstellt – die Möglichkeit, es zum Guten zu wenden.

Ein großer Einfluß auf das künftige Leben des Kindes ist in die Hand der Mutter gelegt. Das braucht uns nicht zu erschrecken, sondern kann uns mit Stolz und Verantwortungsbewußtsein erfüllen. Sogar die Art, wie die Mutter die Schmerzen der Geburt durchsteht, hat eine Bedeutung für das Kind. Gelingt es ihr, keine Narkose zu nehmen und nicht zu schreien, so hat das einen Einfluß auf das Schicksal des Kindes. Auch die Geburt wird meist zu sehr unter dem Aspekt dessen angesehen, was die gebärende Mutter durchmacht, während man das Kind vergißt.

Mit der Geburt wird ein Lebenstor durchschritten, für das Kind *und* die Mutter. Die Frau, die gebiert, erfährt zum erstenmal, daß Muttersein nicht nur Schützen, Umhüllen, Bergen bedeutet, sondern auch Abstoßen, Hergeben dessen, was vorher wie ein Eigentum war. Das bringt Schmerzen. Man wird von einem Hauch des Todes gestreift und beginnt zu verstehen, daß die eine, die dunkle Seite des Weiblichen mit dem Tode zu tun hat.

Geburtsschmerzen haben die Eigenschaft, daß sie ungeheuer rasch vergessen werden, um der Freude Platz zu machen. Es gibt ja keine körperlichen Schmerzen, die auf so schöne Weise belohnt werden wie diese. Ein neues Leben beginnt.

Auch im Seelenleben der Mutter beginnt etwas ganz Neues. Zunächst fühlt man sich erleichtert, freut sich über die Leichte der jugendlichen Gestalt, die man wiedergewonnen hat. Dann aber bekommt man auch zu spüren, daß man vorher in dem Umfang seines Leibes eine Stütze hatte und vielleicht nicht nur dem Kinde Schutz geboten hat, sondern auch von ihm beschützt wurde. Man empfindet einen Verlust. Der Acker der Seele ist durch das tiefgreifende Erlebnis wie umgepflügt. Die durch die Lebensgewohnheiten abgestumpfte und verkrustete Empfindsamkeit ist plötzlich ganz intensiv da. Sowohl Schwierigkeiten als auch Schönheiten, wie z. B. Musik oder Dichtung, werden sehr tief erlebt. Man lebt nahe den Tränen. Meist nützt man diesen seelisch offenen Zustand viel zu wenig im positiven Sinne aus, es gibt zu vieles, was ablenkt.

Nach der Geburt eines Geschwisterchens stürmte der dreijährige Bruder herein und fragte: «Hast du den lieben Gott gesehen?» Das Kind hatte erzählt bekommen, daß die Neugeborenen vom lieben Gott kämen, insofern war sein Gedanke überaus logisch, daß man diesen doch sehen müßte im Augenblick, wenn er es abgibt. Und es ist wahr, daß eine Gebärende sicher ein Schwellenerlebnis haben könnte – manche kann vielleicht davon berichten –, aber meist ist man zu sehr beschäftigt mit dem rein biologischen Ablauf.

An all diesem kann der Mann nur zuschauend teilnehmen. Aber dieses Teilnehmen hat doch eine wichtige Funktion. Für die Gebärende bedeutet es viel, den Beistand eines liebenden Menschen zu haben, der nicht in die allgemeine Geschäftigkeit verwickelt ist. Es bedeutet auch etwas, wenn einer dabei ist, der sie und das Kind vor unerwünschten medizinischen Eingriffen schützt. In den Wochen danach ist es eine oft nicht leichte Aufgabe des Vaters, Verständnis aufzubringen für die äußeren und inneren Schwierigkeiten, die das neue Leben zu dritt mit sich bringt, und sich darum zu kümmern, daß die junge Mutter genügend Ruhe und Umsorgung bekommt. Je mehr er Teilnahme und Einfühlungsvermögen aufbringen kann, desto weniger wird er sich überflüssig und vernachlässigt vorkommen. Es ist zwar so, daß auf den Weihnachtsbildern dem Josef nur eine Nebenrolle zukommt, dennoch strahlt Ruhe und Geborgenheit von ihm aus, wenn man ihn in der Ecke sitzen sieht, wo er ein Feuer entzündet hat und das Breichen wärmt. Im Umkreis der Geburt ist die Rolle des Mannes als Beschützer wirklich am Platze.

Für die Frau ist die Geburt ein Erneuerungsprozeß bis ins Leibliche hinein. Sie wird nie mehr die gleiche sein wie vor der Geburt. Sie hat eine neue Würde. Der Ruf des Lebens hat sie zur Mutter gemacht. Sie hat nun den Beruf Mutter, ganz gleich zu was sie sich sonst noch individuell berufen fühlt.

Mutter sein

Liebes Kindlein, sei gegrüßt!
Wir kennen dich nicht.
Wissen nur, du kamst und bist
Mit uns im Raume, der dunkel ist.
Schlafe, mein Brüderchen!

Liebes Kindlein, sei gegrüßt!
Wir tasten nach dir
Stumpfen Sinns. Du hörst uns nicht,
Träumst noch, umzittert von Himmelslicht.
Schlafe, mein Brüderchen!

Liebes Kindlein, sei gegrüßt!
Gar viele sind hier.
Einst wirst du wach sein und sehn
Nächte um schweigende Sterne wehn.
Schlafe, mein Brüderchen!

Liebes Kindlein, sei gegrüßt!
Wir gleiten hinab.
Kurz auf sich kreuzender Bahn
Finden sich Hände. Du steigst hinan.
Schlafe, mein Brüderchen![1]

Auch wenn man noch so viel mit Kindern zu tun hat, ist man immer wieder angerührt von dem Zauber, der von einem Neugeborenen ausgeht. Und gehört es nicht zu den größten Wundern, daß da ein Mensch sich uns in so absoluter Hilflosigkeit anvertraut? Verzeihen wir es dem kleinen Wesen, daß sein Geschrei jetzt immer wieder unsere Nachtruhe stört und daß es uns auch sonst manche Sorge bereitet! Seine Lust, wenn es gestillt wird, sein Lächeln, sein Gedeihen geben immer wieder einen Ausgleich dafür. Sagen wir uns nur bei jeder Schwierigkeit: Es dauert nicht lang! Es wird vorübergehen! Und was sind auch ein paar Tage, ein paar Wochen, ja selbst ein paar Monate im Verhältnis zum Lebensganzen!

Versuchen wir nur, die Ruhe zu bewahren, uns Zeit für unser Kind zu nehmen und ihm eine kindgemäße Umgebung zu schaffen. Es gibt außerordentlich viele Ratgeber und Erziehungshilfen für die Erziehung im Kleinkindalter. Man suche sich aus, was einem gefällt. Am liebsten habe ich mich immer orientiert in einem unscheinbaren Büchlein aus dem vorigen Jahrhundert, «Über praktische Kindererziehung» von Therese Schröer. Nicht wegen der Einzelheiten, die zum Teil überholt sind, sondern wegen der alles durchströmenden Wärme und mütterlichen Gesinnung: «Ach bringt die Kleinen nicht um den die ersten sieben Jahre fortwährenden Christabend; laßt ihn strömen, den Liebesborn, daß er sich im breiten Bett ergehe, belebt ihn immerhin mit buntgewimpelten Schifflein frisch erfundener Kinderfreuden. Ihr bringt die Liebe eures ganzen Herzens sonst nimmer an den Mann, wenn ihr sie nicht den lieben Kleinen gebt, und müßt sie mit ins Grab nehmen.»[2]

Wie glücklich sind diejenigen, die, wenn sie in ihre erste Kindheit zurückschauen, sich an ein warmes, harmonisches Familienleben erinnern können! Sie wissen, daß diese ersten Jahre ein Kraftspender sind, eine Hilfe zur Überwindung von späteren Schwierigkeiten, die ja in keinem Leben ausbleiben. Solche Menschen haben es leichter, sich immer wieder zu einer zuversichtlichen, positiven Lebenseinstellung durchzuringen.

Daß Kinder ihre ersten Lebensjahre als «fortwährenden Christabend» erleben können, dazu ist kein Wohlstand nötig. Auch eingeschränkte Wohnverhältnisse, für die Eltern oft ein sehr erschwerender Lebensumstand, stören die Kinder erstaunlich wenig. Nötig ist lediglich die liebevolle Gesinnung der Eltern untereinander und den Kindern gegenüber.

Die Mutter gibt der Welt, in der ihr Kind lebt, seelischen Inhalt. Daher braucht das Kind ihre Anwesenheit, die zwar zeitweise durch den Vater, die Großmutter oder Freunde der Familie ersetzt werden kann, aber doch immer nur als Ausnahme.

Wie traurig ist die Geschichte von dem kleinen Jungen, dessen Mutter jeden Morgen zur Berufsarbeit fortging, und der nun anfing, ihr jeden Morgen eine Szene zu machen, bis die Mutter zu der Erklärung Zuflucht nahm: «Weißt du, ich muß Geld verdienen, damit ich dir dann Spielautochen und Bonbons kaufen kann!» Als sie heimkehrte, lag auf ihrem Bett eine Tüte Bonbons, der Großmutter abgebettelt. «Nicht wahr», sagte das Kind, «nun brauchst du morgen früh nicht fortzugehen?»

Wiegt der Verdienst, wiegt die Karriere, die man in dieser Zeit machen kann, das auf, was die Kleinen durch die dauernde Abwesenheit ihrer Mutter entbehren?

Hinzu kommt, daß die Entwicklung eines kleinen Kindes so voller Wunder ist, so voller unwiederbringlicher Szenen, einmaliger Einfälle, daß eine Mutter, die dies nicht miterleben darf, schon sehr zu bedauern ist.

Es ist deutlich: Ich plädiere dafür, daß Mütter die ersten Jahre ihrer Kinder, wenn möglich die gesamte Vorschulzeit, mit diesen gemeinsam zu Hause verbringen! Gewiß kann ein Kind auch in den Kindergarten gehen, aber ich halte dies nicht für eine Selbstverständlichkeit, sondern für etwas, was nur ganz nach Bedarf in Anspruch zu nehmen ist, nach dem Bedarf nicht nur der Mutter, sondern vor allem des Kindes. Es gibt Kinder, die viel glücklicher und harmonischer aufwachsen, wenn sie in den ersten sieben Jahren ganz im häuslichen Kreise bleiben dürfen. Für solche habe ich Verständnis, da ich selbst, als ich in den Kindergarten ging, so oft durch das Loch im Zaun ausgerissen und nach Hause gelaufen bin, bis ich nicht mehr hin mußte. Andere Kinder drängen mehr nach draußen, sind gern in größeren Kindergruppen. Man kann auch pädagogische Gründe haben, sie in einen größeren Kreis zu stellen, vielleicht bei Einzelkindern, die zu Hause absoluter Mittelpunkt sind.

So wichtig die Leistung berufstätiger Frauen ist, die auch

mit Kind so ähnlich weiterzuleben versuchen wie ohne Kind – z. B. mit Hilfe des Mannes, der Kinderkrippe, des Kindergartens usw. – so geht das doch sehr oft zu Lasten des Kindes. Wir tendieren heute stark dazu, die Interessen der Mutter *über* die des Kindes zu stellen, weil sie darüber nachdenken und ihre Bedürfnisse aussprechen kann, das Kind aber nicht. Wir meinen, wenn das Kind nicht weint, nicht krank ist, es sei alles in Ordnung. Man kann es nicht stark genug betonen, wie sehr die äußeren und inneren Opfer, die eine Mutter bringt, um für ihr Kind da zu sein, lohnend sind.

Individuelle Entfaltungsmöglichkeit, ein der Persönlichkeit angepaßter Lebensstil sind nicht nur für Frauen ein wichtiger Lebenswert. Mehr und mehr sind die Kinder, die geboren werden, von Geburt an sehr verschieden, sogar die Kinder aus der gleichen Familie. Eine wirklich individuelle und damit menschenwürdige Erziehung ist aber zweifellos nicht von öffentlichen Erziehungseinrichtungen zu leisten, sondern nur von kleinen Lebensgemeinschaften: Familien oder familienähnlichen Menschengruppen, in deren Mittelpunkt eine Hauptbezugsperson steht, an der das Kind sich orientieren kann und erfahren, was eine starke, dauerhafte Bindung ist. [3]

Viele Menschen unserer Zeit sind in der Lage, daß sie dies nicht erfahren konnten und auch keine harmonische Kindheit hatten. In solchen Fällen ist man dazu aufgerufen, das, was einem das Schicksal versagt hat, durch eigene Arbeit auszugleichen. Es kann niemals eine Lösung bringen, wenn man die Schuld für irgendwelche Lebensschwierigkeiten seiner Mutter zuschiebt. Grotesk sind Fälle wie der des Vierzigjährigen, der vom Psychiater erfuhr, daß seine Mutter ihm gegenüber große Fehler gemacht hatte, zusammen mit der Aufforderung, sich mit ihr darüber auszusprechen, und der nun meinte: Was soll ich tun? Ich verstehe mich sehr gut mit meiner Mutter. Soll ich jetzt deshalb dies Verhältnis stören?

Sinnvoll ist, sich zu sagen: Ich will tun, was in meiner Macht steht, daß *meine* Kinder keine seelischen Schäden aus ihrer Kindheit ins Leben tragen. Dieses Ziel im Auge zu behalten und mit Selbstbewußtsein das zu tun, was man im Augenblick für das richtige hält, bringt weiter, als sich mit Skrupeln und Ängstlichkeit zu plagen. Viele junge Mütter leiden heutzutage, gerade wenn sie sich der Wichtigkeit ihrer Aufgabe bewußt sind, an großen Unsicherheiten und Zweifeln an ihren Fähigkeiten. Das ist völlig überflüssig. Eine Mutter, die sich Mühe gibt, ihrem Kind eine glückliche Kinderwelt zu schaffen, braucht sich keine Vorwürfe zu machen, auch wenn sie später sieht, daß sie das eine oder andere hätte noch besser machen können. Wenn man guten Willens ist und sich von seinem natürlichen Gefühl leiten läßt, gibt es keinen Grund zu Selbstvorwürfen.

Sehr hilfreich und bereichernd kann es sein, ein Tagebuch über das Leben mit den Kindern zu führen. Man kann dann, wenn man mehrere Kinder hat, deren Entwicklung vergleichen und auf diese Weise sehen, was bei den einzelnen für Besonderheiten vorliegen, man kann seine eigenen pädagogischen Maßnahmen distanziert betrachten, und außerdem kann man drollige Szenen festhalten, von denen man oft erst später bemerkt, *wie* typisch etwas gerade für dies bestimmte Kind war. Die Paten und Großeltern, die von ferne gern an der Entwicklung der Kinder teilnehmen möchten, freuen sich, gelegentlich Auszüge aus den Tagebüchern mitgeteilt zu bekommen.

In der Pädagogik fällt man häufig von einem Extrem ins andere. Ging man früher zu autoritär vor, indem man sich zum absoluten Herrscher über seine Kinder aufwarf, so läßt man sich heute oft von seinen Kindern beherrschen. Die Interessen des Kindes sind zwar vorrangig, aber das ist keineswegs ein Grund, sich von seinem Kind tyrannisieren zu lassen.

Das fängt an mit dem Stillen. Es ist sicher zunächst gut, das Kind zu füttern, wenn es schreit. Regelmäßigkeit ist aber auch eine Wohltat für ein Kind, und so sollte man möglichst bald einen regelmäßigen Rhythmus herausfinden, der dem Kind gemäß ist, und mit dem man dann auch selbst rechnen kann bei der Einteilung seiner Arbeiten. Ein Neugeborenes kann Tag und Nacht noch nicht unterscheiden, es soll dies aber lernen, insofern ist durchaus anzustreben, die Nachtmahlzeit so bald wie möglich wegzulassen.

Im übrigen kommt es auf die einzelnen Maßnahmen gar nicht so sehr an. Am wichtigsten ist die «Nestwärme» und die Sicherheit des Kindes, daß es geliebt wird. Liebe kann auch darin bestehen, daß *nicht* alles erlaubt wird. Nestwärme bedeutet nicht, sich das Kind an den Leib zu hängen und überall mit hinzunehmen, wohin man geht, sei es ins Kaufhaus, in die Vorlesung oder gar ins Kino. Mutter sein heißt, diejenige zu sein, an die man sich immer wenden kann mit seinen Fragen, Kümmernissen und Freuden.

Eine sehr alte, pflegebedürftige Frau in einem großen Altersheim fragte einmal: «Wer ist denn hier die Mutter?» und auf Nachfrage erläuterte sie: «In so einem großen Haus muß doch jemand die Mutter sein.» Jedes «Haus», d. h. jede soziale Gemeinschaft, braucht einen Wärmemittelpunkt, eine «Mutter». Man könnte auch sagen: Jeder Organismus braucht ein Herz. Soziale Gebilde sind nicht einfach Menschenanhäufungen, sondern Organismen. Früher wurde das bis ins Architektonische hinein sichtbar: der Mittelpunkt des Hauses war der Herd, der des Dorfes die Kirche. Daß europäische Siedlungen sich um die Kirche gruppieren, ist ein Relikt aus dem Mittelalter, eine Form ohne Inhalt, die aber immer noch zu uns spricht und uns darüber hinwegtäuscht, daß wir die Bedeutung der Mittelpunktsbildung im Sozialen nicht mehr realisieren.

In diesem Sinne ist Muttersein wirklich ein Beruf, ein Beruf, der zwar heute nicht in seiner ganzen Bedeutung gewürdigt wird, aber ganz gewiß nicht in die Vergangenheit verwiesen werden kann, sondern eine Zukunft hat.

Machen wir uns ein Bild dieses Berufes. Anne Morrow

Lindbergh beschreibt ihn mit folgenden Worten: «Denn eine Frau zu sein bedeutet, daß die Interessen und Pflichten wie die Speichen von einer Radnabe vom Muttertrieb in alle Richtungen ausgehen. Unser Lebensmuster entspricht im Grunde einem Kreis. Wir müssen nach allen Himmelsrichtungen hin offen sein – Mann, Kinder, Freunde, Heim, Gemeinde – und jeden Lufthauch, jeden Anruf, der auf uns zukommt, wie ein ungeschütztes, ausgespanntes Spinnweb registrieren. Wie schwierig ist es da für uns, inmitten all dieser widerspruchsvollen Spannungen das Gleichgewicht zu halten, und doch wie notwendig, damit unsere Lebensfunktionen stimmen.» [4]

Eine Mutter kann nicht nur für sich leben. Sie bildet mit ihrem Mann und ihren Kindern eine Lebenseinheit. Selbst ihre Gedanken sind nicht unverbindlich, sie werden von der Kinderseele aufgenommen. Wenn man aufmerksam darauf ist, kann man feststellen, wie es immer wieder vorkommt, daß Kinder die Gedanken der Mutter aussprechen, wie sie auch sehr fein ihre Seelenstimmungen wahrnehmen. Wenn es der Mutter nicht gut geht, sind leider auch die Kinder oft ganz unleidlich. Ebenso kommt es vor, daß, wenn die Mutter Schauergeschichten liest oder im Fernsehen sieht, ein Kind in einem weit entfernten Raum schreiend aus dem Schlaf fährt. Oft beachtet man dabei nicht die Zusammenhänge, aber sie sind zweifellos vorhanden.

Solche Dinge zu beobachten, überhaupt sein Augenmerk mehr auf das Zwischenmenschliche, das Prozeßhafte zu richten, ist eine spezifisch weibliche Qualität, die man als Mutter in besonderem Maße entwickeln und entfalten kann. Die Pflege des «Dazwischen» ist nicht zähl- und meßbar, sie kann nicht als Ergebnis auf den Tisch gelegt werden. Dadurch erscheint es oft so, als sei sie gar nicht vorhanden, was für viele Frauen sehr frustrierend ist.

«Das Was bedenke, mehr bedenke wie» ist eine Goethe-

Weisheit, die überall, aber ganz besonders für die Arbeit einer Mutter zutrifft. Deshalb sollte man die Freiheiten dieses Berufes ausnutzen und bei Zeitknappheit lieber das Putzen unterlassen oder ein einfacheres Essen machen, auch wenn Besuch kommt. Der Gast nimmt letztlich doch mehr die Atmosphäre des Hauses wahr als den Staub auf der Kommode.

Damit soll nicht der Faulheit, dem Schmutz oder der Unordnung das Wort geredet werden. Zwar wird die Mutter einer großen Familie ohne eine gewisse Großzügigkeit nicht durchkommen, aber doch Sauberkeit und Ordnung anstreben und das Heim nach dem eigenen Geschmack so schön wie möglich gestalten. In der Atmosphäre eines Hauses wirken zusammen die Art der Einrichtung und die Tatsache, daß jemand darin tätig ist, seine Regsamkeit entfaltet, und zwar nicht nur pflichtschuldigst, sondern sorgfältig und liebevoll. In diese Richtung geht es, wenn in den Märchen immer der «Fleiß» als ganz besondere Tugend hervorgehoben wird. Gemeint ist der regsame Umgang mit den Dingen.

Zur Pflege der räumlichen Umgebung kommt der sinnvolle Umgang mit der Zeit. Auch das Zeitliche will künstlerisch gestaltet sein. Je kleiner die Kinder sind, desto wichtiger ist ein gleichbleibender Rhythmus, die Regelmäßigkeit der Mahlzeiten, der Schlafenszeiten. Dies bringt feste Strukturen und eine gewisse Gemächlichkeit in den Tageslauf.

Agnes Sapper (1852–1929), die durch ihre Kinderbücher bekannte Schriftstellerin, schrieb in einem Brief: «Ich mache täglich an mir die Erfahrung, daß es gar nichts Übleres gibt, als in einem Gehetze zu leben mit dem Bewußtsein, seine Sache unmöglich ganz gut machen zu können. Auch kann man ohne eine gewisse Behaglichkeit keinen guten Humor haben, und mit einem schlechten Humor verpfuscht man alles.»

Damit ist auf etwas außerordentlich Wichtiges hingewiesen. Positive Stimmungen wollen sich in Ruhe entfalten. Die Gutgelauntheit, Freudigkeit, Heiterkeit der Mutter strahlen auf die ganze Familie aus, so wie ihre Unzufriedenheit die Atmosphäre zersetzt.

Werden aus den Kleinkindern Schulkinder, so ändert sich der Aufgabenkreis der Mutter. Es kann für eine Mutter ein großer und auch etwas schmerzlicher Einschnitt sein, wenn das älteste Kind zur Schule kommt. Es ist wie eine zweite Geburt. Für das Kind ist dieser Einschnitt natürlich noch tiefgreifender. Es wird nun immer mehr außerhäusliche Erlebnisse haben und wird zunehmend selbständiger.

Jetzt wird die von Anne Morrow Lindbergh charakterisierte Mutterqualität des Aufnehmens, Registrierens und Ins-Gleichgewicht-Bringens noch wichtiger. Dazu gibt es eine ganz reizende Schilderung von Agnes Sapper in ihrem schönen Kinderbuch «Die Familie Pfäffling» über die merkwürdige Situation, die entstand, als die Mutter einmal verreist war. Der Vater setzte sich mittags mit seinen sieben Kindern zu Tisch. In Kürze fiel ihm auf, daß es vollkommen still war. Dabei war es eine lebhafte Kinderschar, die sich sonst immer mit ihren Erzählungen überstürzte. Die Mutter hingegen war ein eher ruhiger und besinnlicher Mensch, durch dessen Anwesenheit und aufmerksames Zuhören sich aber offensichtlich jeder ermuntert fühlte, das mitzuteilen, was ihm auf dem Herzen lag.

Eine Studienarbeit, die kürzlich an der Universität Freiburg über das Gesprächsverhalten bei Männern und bei Frauen durchgeführt wurde[5], zeigte, daß Frauen im allgemeinen aktiver zuhören, was sich oft in kleinen zwischengeschobenen Rückmeldungen wie «ja», «das ist gut», «das finde ich auch» ausdrückt. Ihre Gesprächsbeiträge sind im allgemeinen kürzer und direkter an das Gegenüber gerichtet, während Männer auch im Gespräch eine Tendenz zum Monologisieren zeigen.

Nicht in jedem Zusammenhang ist dieses weibliche Verhalten positiver zu beurteilen, am Mittagstisch einer größeren Familie aber ist es geradezu unerläßlich.

Im zweiten Lebensjahrsiebt der Kinder geht es aber nicht

nur darum, ihre außerhäuslichen Erlebnisse zur Kenntnis zu nehmen, sondern auch einen größeren Reichtum an Familienerlebnissen zu schaffen. Man kann mit den größeren Kindern ja vieles unternehmen: Spielen, Erzählen, Singen und Musizieren, Ausflüge, Ferienreisen. Wenn es den Wert der Ferien für die Mutter auch etwas relativiert, wenn die Kinder mitgenommen werden in ein Ferienhaus, wo alles unpraktischer ist als zu Hause, so lohnt es sich doch. Viele Kindheitserinnerungen, von denen man im späteren Leben zehrt, haben solche Ferien zum Inhalt.

Wenn der Tätigkeitsdrang der Kinder über die akzeptablen Grenzen hinausgeht, so ist es in dem Alter auch am Platze, gelegentlich deutlich autoritativ aufzutreten. Die Kinder müssen wissen, daß gewisse Regeln einzuhalten sind, und man darf das fordern, trotz allem Verständnis für die kindliche Psyche. Glücklicherweise erfährt man oft erst später, was sie zu der Zeit alles angestellt haben.

Für die Mutter ist es nun an der Zeit, ihren Aufopferungstrieb zu mäßigen und die Familie auch zur Arbeit heranzuziehen, Ämtchen zu verteilen, möglichst zu einem Zeitpunkt, wo sie dies noch in Fröhlichkeit tun kann und nicht erst, wenn sie völlig frustriert ist, daß alle Arbeit immer an ihr hängenbleibt. Hier kann der Vater sehr hilfreich sein, indem er seiner Frau beisteht, nicht nur beim Abwaschen, sondern vor allem auch dabei, die Kinder zum Helfen anzuhalten. Es ist viel einfacher, Hilfe für jemand anders zu verlangen als für sich selbst.

Haben wir uns schon vorher dazu erzogen, die Hausarbeiten um ihrer selbst willen zu tun, zu realisieren, daß es weniger darauf ankommt, eine Arbeit schnell zu «erledigen» als sich an den Erlebnissen und Erfahrungen, die man im Tun haben kann, zu freuen, so sind diese Arbeiten auch für Kinder interessanter und werden ihnen nicht so rasch verleidet.

Wenn die notwendigen Arbeiten sich jetzt mehr auf die gesamte Familie verteilen, wird es der Mutter möglich, ihre ganz persönlichen Interessen wieder aufzugreifen und zu pflegen, sei es in einem außerhäuslichen Beruf oder auch zu Hause durch Dinge, die sie gern tut. Es kann beim Annehmen des Mutterberufs wirklich nicht darum gehen, sein persönliches Leben in mütterlicher Aufopferung ganz zu unterdrücken. Die Interessen, die man zunächst wegen seiner Kinder zurückstellen mußte, bekommen bei größeren Kindern einen ganz anderen Stellenwert. Sie respektieren und bewundern es gerade, wenn ihre Mutter nicht nur ein Hauspusselchen ist und sich im Haushalt völlig aufreibt.

Eine Mutter braucht Zeiten, in denen sie sich zurückziehen und zu sich selbst finden kann. Was sie in diesen Zeiten gewinnt, kommt ihr selbst zugute und damit auch der ganzen Familie. Ein stilles Stündchen kann etwas ungeheuer Aufbauendes und Festliches haben.

Vielleicht gewinnt man aus solchen Augenblicken heraus auch die schöpferische Phantasie und den «guten Humor», das Gleichmaß des Familienalltags von Zeit zu Zeit durch festliche Augenblicke zu unterbrechen. Es ist eine große und wichtige Aufgabe der Mutter, die christlichen Feste, die der Jahreslauf bringt, und die in unserer Zeit durchaus in Dekadenz geraten sind, da die alten Gebräuche zu leeren Hülsen erstarrt sind, neu zu beleben und für ihre Familie zu gestalten. Wer in seiner Kindheit noch «richtige» Weihnachtsfeste feiern durfte, weiß, wieviel davon auf das ganze spätere Leben ausstrahlt. Die Erwachsenen erleben es umgekehrt: Es ist ja gerade die Kinderfreude, die das Weihnachtsfest so leuchtend macht. In diesem Sinne werden die Eltern von den Kindern mindestens ebenso beschenkt wie die Kinder von den Eltern.

Wenn wir einmal auf den Geschmack gekommen sind, können wir auch andere Feste neu entdecken oder selbst welche erfinden. Eine kleine Anregung dazu kann uns einer der «Briefe an Andres» sein, die Matthias Claudius (1740–1815) regelmäßig in der Zeitschrift «Der Wandsbecker Bote» veröffentlichte.[6] Er war offenbar ein Meister im Feste-Erfinden – übrigens nicht als Mutter, sondern als Vater! Wir wollen es uns nicht versagen, ihn mit seinen Vorschlägen zu Wort kommen zu lassen:

Neue Erfindung

Hab' eine neue Erfindung gemacht, Andres, und soll dir hier so warm mitgeteilt werden.

Du weißt, daß in jeder gut eingerichteten Haushaltung kein Festtag ungefeiert gelassen wird, und daß ein Hausvater zulangt, wenn er auf eine gute Art und mit einigem Schein des Rechtes einen neuen an sich bringen kann. So haben wir beide, außer den respektiven Geburts- und Namenstagen, schon verschiedene andre Festtage an unsern Höfen eingeführt, als das *Knospenfest*, den *Widderschein*, den *Maimorgen,* den *Grünzüngel*, wenn die ersten jungen Erbsen und Bohnen gepflückt und zu Tisch gebracht werden sollen, und so weiter.

Nun ist wohl wahr, daß der Sommer und sonderlich das Frühjahr viel schön sind. Gleich wenn der Winterschnee auftaut und man den bloßen Leib der Erde zum erstenmal wieder sieht, fängt diese Vielschönheit an und geht denn immer mit größeren Schritten fort, bis Blumen und Blätter aufgeblühet sind und der Mensch vor dem vollen Frühling steht, wie *Gleims* Kind vor einem schönen Blumenkorb. Und gewiß lehret uns der Frühling Gott und seine Güte sonderlich; denn, wie Freund Fritz sagt, was so zu Herzen geht, muß aus irgend einem Herzen kommen. Und also sind die Frühlings- und Sommerfesttage gar sehr am rechten Ort, ich habe nichts dawider. Es ist mir aber doch immer schon vorgekommen, daß im Herbst und Winter auch was zu machen wäre, nur habe ich die Sache noch nie recht ins klare bringen können.

Gestern aber, wie das mit den Erfindungen ist: man findet sie nicht, sondern sie finden uns, gestern als ich im Garten gehe und an nichts weniger denke, schießen mir mit einmal zwei neue Festtage aufs Herz, der *Herbstling* und der *Eiszäpfel*, beide gar erfreulich und nützlich zu feiern.

Der *Herbstling* ist nur kurz, und wird mit Bratäpfeln gefeiert. Nämlich: wenn im Herbst der erste Schnee fällt, und darauf muß genau acht gegeben werden, nimmt man so viel Äpfel als Kinder und Personen im Hause sind und noch einige darüber, damit, wenn etwa ein Dritter dazukäme, keiner an seiner *quota* gekürzt werde, tut sie in den Ofen, wartet bis sie gebraten sind, und ißt sie denn.

So simpel das Ding anzusehen ist, so gut nimmt sich's aus, wenn's recht gemacht wird. Das dabei allerhand vernünftige Diskurse geführt, auch oft in den Ofen hineingeguckt werden muß usw., versteht sich von selbst.

Und soviel vom *Herbstling*.

Der *Eiszäpfel* will nun wieder ganz anders traktiert sein und hat seine ganz besondere Nücken. Mancher denkt wohl: wenn er Eiszapfen am Dache sieht, könne er nur gleich anfangen zu feiern; aber weit gefehlt, es wird mehr dazu erfordert. Der *Eiszäpfel* kann durchaus ohne einen Schneemann nicht gefeiert werden, und dazu muß erst Schnee sein und Tauwetter kommen, daß der Schneemann gemacht werden kann, und wenn er gemacht ist und vor dem Fenster steht, muß es wieder frieren, daß Eiszapfen am Dach werden, einer halben Elle lang, nicht länger und nicht kürzer usw. Das sind die Präliminarartikel und die *conditio sine qua non*.

Was sagst du nun? Gelte, daß ist 'n intrikates Fest! Es geht auch mancher Winter darüber hin, ohne daß eins zustande kommen kann. Wenn nun aber obige Umstände alle eingetreten sind und sonst kein merkliches Hindernis im Wege ist, so kannst du denn zwischen drei und vier Uhr nachmittags das Fest angehen lassen, das NB. von Anfang bis zu Ende mit trockenem Munde gefeiert wird. Nach vier, wenn's dunkel worden ist, wird eine Laterne in den hohlen Kopf des Schneemannes getan, daß das Licht durch die Augen und den Mund herausscheint – und denn geht groß und klein auf und ab im Zimmer und sieht aus dem Fenster unter den Eiszapfen hin nach dem Schneemann, und denkt dabei an einen anderen *Schneemann*, ein jeder nach dem ihm der Schnabel gewachsen ist, und das ist der höchste Moment der Feier.

Lebe wohl, lieber Andres, und feire fleißig alle Festtage und heilige Abende, bis der rechte heilige Abend anbricht.

den 3. Oktober 1782. Dein usw.

Mit etwas Wehmut läßt man die Beschreibung solcher Familienidylle auf sich wirken. Tief in uns sitzt der Gedanke, dazu nun wirklich keine Zeit zu haben. Aber wenn man es genau nimmt, so besteht das, was Claudius beschreibt, aus Kleinigkeiten, die durch die Wichtigkeit, die man ihnen gibt, und die Freude, die man daran hat, ein festliches Gepräge bekommen. Der eigentliche Zeitaufwand ist ein geringer.

Wir werden wohl kaum in die Lage kommen, jemals den «Eiszäpfel» feiern zu können, in Ermangelung der dazu nötigen Umstände. Darum geht es auch nicht. Vielmehr geht es darum, daß wir selber erfinderisch werden. Es ist bemerkenswert, daß Claudius immer eine Naturerscheinung zum Anlaß nimmt, die freudige und liebevolle Teilnahme seiner Kinder darauf zu lenken. Es hat eine große Bedeutung für Kinder (und Erwachsene), mit einer Art von Naturfrömmigkeit den Jahreslauf zu verfolgen.

Das regsame Umgehen mit den Dingen oder die Liebe zur Handlung, sodann der «gute Humor» oder die Heiterkeit der Seele und schließlich die andächtige Bewunderung im Miterleben des Jahreslaufs: dies sind drei «Muttertugenden» und bilden die Grundlage für ein harmonisches Familienleben.

Beruf: Hausfrau

Wie war zu Köln es doch vordem
Mit Heinzelmännchen so bequem!
Denn, war man faul, ... man legte sich
Hin auf die Bank und pflegte sich:
    Da kamen bei Nacht,
    Eh' mans gedacht,
Die Männlein und schwärmten
Und klappten und lärmten,
    Und rupften
    Und zupften,
Und hüpften und trabten
Und putzten und schabten...
Und eh ein Faulpelz noch erwacht, ...
War all sein Tagewerk... bereits gemacht!

August Kopisch

Manche junge Frau denkt, daß sie ja ganz gerne Kinder pflegen und erziehen möchte, – wenn nur diese leidige Hausarbeit nicht wäre! Deshalb soll dieser noch ein Extrakapitel gewidmet sein.

Haushalt ist keine Schwerarbeit mehr wie früher. Meist hat man seine Neubauwohung mit den üblichen technischen Einrichtungen. Und da steht man nun und fühlt sich unglücklich und einsam! Die Einsamkeit der Hausfrau wird im allgemeinen der Kleinfamilie angelastet. Andererseits liest man immer wieder, daß die Großfamilie früherer Zeiten, wo mehrere Generationen unter einem Dach zusammenlebten, eine Legende sei. Auch früher gab es viele *kleine* Familien. Was sicher stimmt, ist, daß man mehr Gruppenbewußtsein hatte, sich mit Verwandten und Nachbarn verbunden fühlte und sich oft sah, sich gegenseitig bei bestimmten Arbeiten half oder sich wenigstens dazu zusammentat. Wenn man nicht ganz arm war, hatte man meist auch Personal: eine Köchin, eine Magd. Mit der

Magd konnte man reden, man konnte sie loben oder ausschimpfen. Bei der Waschmaschine entfällt dies.

Hinzu kommt, daß maschinelle Arbeiten weniger seelisch erfüllend sind als all die produktiven Tätigkeiten früherer Zeiten: das Spinnen, Weben und Nähen, das Ernten, Zubereiten und Einwintern von Nahrungsmitteln bis hin zur Herstellung von Kerzen und Seife. Und hier ist nun eine Frage am Platze. Wenn man all diese Tätigkeiten aufzählt, die in einem Haushalt nötig waren, so muß man zugeben, daß die Menschen dieser alten Zeiten außerordentlich fleißig waren. Was will nun die alte Überlieferung sagen, daß es früher Heinzelmännchen gab, die für die «Faulpelze» die Arbeit getan haben?

Die kleine Dichtung von August Kopisch (1799–1853)[1] ist neueren Datums und stellt die Dinge etwas vereinfacht und materialisiert dar, aber trotzdem hatte er noch ein ganz gutes Gespür für kleine Geister. Sicherlich kamen nicht morgens, wenn der Bäcker aus den Federn stieg, gerade die Brötchen von unsichtbarer Hand in den Kasten geflogen. Doch wenn wir Kopischs Verse so auf uns wirken lassen «und rupften – und zupften – und hüpften – und trabten – und putzten – und schabten», dann kann uns bei dem gleichmäßig einschläfernden Rhythmus plötzlich der Gedanke kommen, ob die Aussage nicht so zu nehmen ist, daß die Menschen dann, wenn sie arbeiteten, nicht ganz wach waren! Das heißt, sie kamen bei den langdauernden, gleichmäßigen Tätigkeiten in eine Art Traumbewußtsein – auch wir kommen ins Träumen, wenn wir eine Stunde lang in einem Topf rühren – und wenn sie erwachten, war die Arbeit getan. Wer hatte sie getan? Der schlafende Mensch? Nein, sagte man sich, da muß jemand geholfen haben, der in die Nachtseite des Menschen, in seine Instinkte hineinwirkte und ihm die Hand führte. Das waren die Heinzelmännchen!

Wenn allerdings das wache Bewußtseinslicht hineinscheint

in diese Region – wenn die Schneidersfrau mit der Lampe kommt – husch husch, so sind die Geistchen fort, und was bleibt, ist nur eine langweilige, eintönige Arbeit!

Die Hausgeister, die zwischen den Dingen und in den Arbeitsprozessen lebten und webten, wurden von den Menschen früherer Zeiten nicht gedanklich erschlossen, sondern «geschaut». Indem man noch ein solches Wahrnehmungsvermögen hatte, erlebte man sich nicht als einsam, auch wenn keine Menschen da waren. Die Atmosphäre eines Hauses, eines Hofes bestand aus einer solchen Geistigkeit, die sich natürlich auch in verschiedenen Gestalten offenbarte, je nachdem, mit welcher Art von seelischem Einsatz die Arbeiten getan wurden. Auch heute können besonders veranlagte Menschen, vor allem Kinder, noch solche «elementarischen» Zwischenwesen wahrnehmen.

Ein Kind, das diese Fähigkeit hatte und auf einem Bauernhof aufwuchs, erzählte oft von solchen kleinen Wichten.

Später zog die Familie um auf einen anderen Hof, und das Kind wurde gefragt, ob hier auch «Männlein» seien. Es erwiderte: «Ja. Aber hier sind sie alle nackt.» Auf diesem Hof gab es keine Frau. Wer etwas Bildersprache versteht, muß sich diese Mitteilung so deuten, daß das Kind erlebte, wie auf diesem in allen Dingen korrekt «funktionierenden» Hof die Wärmehülle fehlte.

Warum haben wir keine Heinzelmännchen mehr?

Betrachten wir einmal einen Arbeitsvorgang genauer. Er gliedert sich in drei Teile: das Planen, das – meist langdauernde – Ausführen und die Versorgung des Hergestellten. Unser Bewußtsein ist wacher als das des mittelalterlichen Menschen, daher empfinden wir ganz besonders den mittleren Teil der Arbeiten als langweilig und ermüdend. Hier kam uns im rechten Moment die Technik zu Hilfe, und mit Freuden delegierten wir, wo immer möglich, den mittleren Teil der Arbeiten, der oft in einer gleichmäßig rhythmischen Wiederholung derselben Bewegung bestand, an die Maschine. Dies ist aber der Teil, in dem früher das Wirken der Elementargeister wahrgenommen werden konnte.

Der mittlere Teil des Menschen zwischen Kopf- und Gliedmaßenpol hat auch rhythmischen Charakter, er umfaßt Herzschlag und Atmung. In Parallele dazu kann man sagen: Der Herzteil der Arbeit ist es, den die Technik übernommen hat. Kein Wunder, daß man in dem, was übrigbleibt, keine Befriedigung mehr findet.

Früher bekam das Alltäglichste durch die regelmäßige Wiederholung einen spirituellen Einschlag. Man erlebte sich wie in einer Art Weltenrhythmus stehend, wenn man zum Beispiel Steine bearbeitete, Schlag um Schlag, oder wenn das Korn gedroschen wurde.

Gerade die «langdauernden» Arbeiten wurden oft in Gemeinsamkeit ausgeführt, sei es zusammen mit dem Gesinde, sei es, daß man sich mit Nachbarinnen zusammensetzte wie beispielsweise in den Spinnstuben. Dadurch wurde die Arbeit gefördert, und man hatte zugleich Gesellschaft und Anregung. Es ist bekannt, daß in den Spinnstuben erzählt und gesungen wurde. Märchen erzählen und Singen hängen eng mit den rhythmischen handwerklichen Tätigkeiten zusammen.[2] Wenn man sich im Takt bewegt, so regt das dazu an, sich musikalisch zu äußern. Auch das Gehen ist eine solche rhythmische Bewegung, daher die vielen Wanderlieder.

In unserer Zeit sind die Lieder und Märchen den Maschinen zum Opfer gefallen. Maschinen helfen zwar, die Arbeitszeit zu verkürzen, hindern uns aber auch, die Qualität eines Arbeitsvorgangs voll zu erleben. Wir haben dann das Bedürfnis, die Sache möglichst rasch hinter uns zu bringen, um uns einer befriedigenderen Tätigkeit hingeben zu können.

Mein kleiner Sohn kam einmal zurück vom Besuch bei einem größeren Nachbarsbuben und berichtete erfreut: «Der Johannes hat eine elektrische Eisenbahn. Das ist praktisch. Die kann man anstellen, und dann kann man derweil was anderes tun!»

Es ist bemerkenswert, daß diejenigen «langdauernden» Tätigkeiten, die auch heute noch mit viel Geduld und Ausdauer von Hand gemacht werden, oft Frauenarbeit sind. Beispielsweise macht ein Mann den künstlerischen Entwurf für einen Handwebteppich und eine Frau führt ihn aus. Gibt es das umgekehrt? Offenbar haben Frauen doch noch etwas mehr Sinn für den rhythmischen Teil des Arbeitsprozesses und die nötige Geduld zu seiner Durchführung.

Ein kleiner Junge sah zum erstenmal ein volkstümliches «Christgeburtsspiel». Begeistert erzählte er: «Die Maria singt mehr, und der Josef sagt mehr. Singen ist ja schöner und Sagen ist wichtiger!» Ist das nicht eine sehr treffende Charakteristik des Männlichen und des Weiblichen?

Eine der wenigen rhythmischen Arbeiten, bei der die Frauen sich der Mechanisierung noch weitgehend widersetzt haben, ist das Stricken. Es mag mit daran liegen, daß das mit der Strickmaschine Gestrickte eben doch nicht ganz die Qualität hat wie das Handgestrickte. Aber man schätzt es eben auch, eine Arbeit zu haben, bei der man gemütlich zusammensitzen und plaudern kann. Je perfekter eine Maschine ist, desto mehr drängt sie uns in die Einsamkeit. Die modernen Näh- und Strickmaschinen sind empfindlich. Man braucht volle Konzentration und muß die Maschine auch vor einem möglichen Zugriff durch die Kinder schützen.

Es kommt hinzu, daß Maschinen im allgemeinen Lärm erzeugen. Der Bauer, der mit seinem Traktor über die Felder fährt, ist nicht nur einsam, weil keine Menschen bei ihm sind. Das Getöse hindert ihn auch daran, die Natur zu erleben. Er bleibt seelisch leer, und es geschieht immer häufiger, daß Bauern Depressionen bekommen.

Kinder sind erfinderisch und treffen oft den Nagel auf den Kopf. So erstaunte und amüsierte es mich sehr, als meine zwei kleinen Buben den «Staubsaugergesang» erfanden. Es war eine ganz bestimmte Melodie, die sie jedesmal anstimmten, wenn das Geräusch des Staubsaugers ertönte. Die Überwindung der Technik durch Gesang!

Sollen wir nun also die üble Technik verdammen und wieder alles mit der Hand machen? Gewiß nicht! Man mag es bedauern und manchmal nostalgische Anwandlungen bekommen, aber rückgängig läßt sich eine Entwicklung nicht machen.

Dennoch wäre einiges zu tun, – zunächst durch Bewußtseinsbildung. Man muß sich klar darüber sein, was, auch psychologisch gesehen, durch den Einsatz von technischen Hilfsmitteln geschieht. Die Maschinen nehmen uns die Arbeit ab, bringen uns ohne unser Zutun an das nützliche Ziel. Damit nehmen sie uns aber auch die Möglichkeit, den Vorgang zu erleben. Dort, wo wir leben möchten, bleiben wir leer, denn Leben entwickelt sich nur in der Tätigkeit. Daher ist das Erreichte auch nie genug, man braucht immer Schnelleres, Besseres.

Man sollte nicht einfach Maschinen einsetzen, weil es sie gibt und sie von der Werbung angepriesen werden, sondern ruhig prüfen und wählen, was in einem konkreten Fall eine wirkliche Entlastung bedeutet.

Ich las einmal eine sehr originell geschriebene Geschichte von einem Menschen, der gerne täglich frisch ausgepreßten Orangensaft trinken wollte. Deshalb orientierte er sich darüber, was es an Fruchtpressen gab. Er bewunderte die erstaunlichsten Techniken und wählte schließlich einen Apparat, mit dem man in drei Sekunden eine Orange auspressen konnte. Dieser leistete wirklich das Versprochene, aber – das war vorher gar nicht erwähnt worden – das Reinigen der Maschine dauerte zehn Minuten. Unser Safttrinker kam schließlich reumütig zu Großmutters guter kleiner Handpresse zurück.

Ähnliche Überraschungen sind nicht selten. Selbst eine Geschirrspülmaschine lohnt sich nur bei ziemlich großen Familien. Und auch da sollte man das soziale Moment mitbedenken. Wieviele wichtige Gespräche haben nicht schon beim gemeinsamen Geschirrabwaschen stattgefunden! Es geht nicht nur um das Ergebnis, sondern ebensosehr um die Qualität des Arbeitsvorgangs. Diese zu bestimmen und zu wählen, gehört zur menschlichen Freiheit. Indem die Maschine uns Freiheiten verschafft, schafft sie auch Zwänge. Wir fühlen uns verpflichtet, eine Maschine, ein Auto, einen Computer zu benutzen, weil es ihn gibt und weil andere ihn auch benutzen.

Es ist eine vornehmlich menschliche Aufgabe, die Technik zu beherrschen und sich nicht von ihr beherrschen zu lassen:

> Alles Erworbne bedroht die Maschine,
> solange sie sich erdreistet, im Geist,
> statt im Gehorsam zu sein...
>
> *Rilke.*

Es ist ein Unterschied, mit welcher Gesinnung eine Maschine bedient wird. Sie sollte nie den Werkzeugcharakter verlieren und uns in Abhängigkeiten bringen, seien diese nun praktischer oder seelischer Natur. Als Werkzeug ist sie allerdings durchaus zu respektieren und ernstzunehmen.

Die Aufgabe, die Maschine aus dem Geist heraus in den Gehorsam zu bringen, fällt vor allem der Frau zu, denn für die Faszination des Technischen sind Männer offensichtlich anfälliger. Jedenfalls kann man als Mutter die Beobachtung machen, daß männliche Hilfskräfte oft rasch bei der Hand sind, irgendwelche Erfindungen zur Arbeitsvermeidung zu machen. Auch sind sie leichter dazu zu gewinnen, Maschinen zu bedienen als eine Arbeit von Hand zu tun. Es kann sich gelegentlich als sinnvoll erweisen, wenn die Frau bei Neuanschaffungen etwas bremsend wirkt.

Max Frisch läßt in seinem Roman «Homo faber» die männliche Hauptperson sich folgende Worte notieren:

«Diskussion mit Hanna! – über Technik (laut Hanna) als Kniff, die Welt so einzurichten, daß wir sie nicht erleben müssen. Manie des Technikers, die Schöpfung nutzbar zu machen, weil er sie als Partner nicht aushält, nichts mit ihr anfangen kann; Technik als Kniff, die Welt als Widerstand aus der Welt zu schaffen, beispielsweise durch Tempo zu verdünnen, damit wir sie nicht erleben müssen. (Was Hanna damit meint, weiß ich nicht.)»

Wir können die Entwicklung nicht zurückschrauben und uns eine Welt ohne Technik herzaubern. Aber wir können heilend in die Welt hineinwirken, wenn wir immer wieder aus Freiheit einzelne Handlungen in «menschlichem Tempo», angefüllt mit menschlichem Erleben in die Welt einfügen: einen selbstgestrickten Pullover für den Mann, ein selbstgebautes Puppenhaus für die Kinder, eine besonders schmackhaft zubereitete Mahlzeit. Das gibt uns auch die Möglichkeit, Fähigkeiten zu erüben und zu erproben, die wir sonst nicht entwickeln würden, weil sie uns nicht abverlangt werden. Es braucht keine Kochkunst, um ein Fertiggericht aufzuwärmen. Die modernen Kochbücher machen keinerlei Voraussetzungen. Sie sind so «idiotensicher», daß sogar die Dekoration vorgeschrieben ist. In einem älteren Kochbuch (von 1920) steht, nachdem die Zutaten für den Kuchen aufgezählt worden sind, lediglich: «Man knete mit dem nötigen Mehl einen schönen Teig.» Man rechnete damals wohl noch damit, daß eine Hausfrau wußte, was «das nötige Mehl» ist und wann man von einem «schönen Teig» sprechen kann.

Wie, wenn Hausfrauen sich einfach weigerten, sich alles vorfertigen zu lassen, wenn sie sich nicht darauf einließen, immer schneller und schneller zu kochen? Die Lustlosigkeit, mit der das Kochen so oft betrieben wird, ließe sich dadurch am wirksamsten bekämpfen. Aber wem gegenüber wäre das durchzusetzen? Leider müssen wir zugeben: vor allem uns selbst gegenüber, weil wir bereits von der Lustlosigkeit befallen sind.

Auch uns interessiert nicht der Kochvorgang, sondern das Essen, das auf dem Tisch steht.

Durch die Kinder könnten wir lernen, unsere Einstellung zu den Dingen zu ändern und wieder «langsamer zu leben», d. h. überhaupt zu leben. Man kann auch eine pädagogische Aufgabe darin sehen, den Kindern die Möglichkeit zu verschaffen, die grundlegenden Arbeitsvorgänge kennenzulernen: das Kochen, das Backen, das Waschen, das Weben, das Spinnen. In allen alten handwerklichen Vorgängen liegt Urbildliches, das der Mensch für seine Seele braucht, um sich in der Welt zurechtzufinden. Es sind gleichnishafte Vorgänge, die letztlich auch der Mechanisierung noch zu Grunde liegen, aber nicht mehr «einsichtig», sondern versteckt. Der Prozeß, der im Handwebstuhl offen zutage liegt, ist bei der Webmaschine verborgen. Das Bewegen der Wäsche in der Seifenlauge ist bei der Waschmaschine von Blechwänden verdeckt, allenfalls noch durch eine Glasscheibe sichtbar.

Es geht nun allerdings nicht nur darum, alte Handwerke wie in einer Art Heimatmuseum unseren Kindern vorzuführen, sondern es zeigt sich immer mehr, daß es noch ganz andere Gründe gibt, viele Dinge erneut mit der Hand zu tun: die zunehmenden Umweltschäden. «Hausfrau», so las ich in der Zeitung, «ist wieder ein anspruchsvoller Beruf, der viel Handarbeit, Zeit und Wissen erfordert: Kleine Kleider- und Geschirrmengen werden wieder von Hand gewaschen, Dreck wird vermehrt weggerieben statt mit der chemischen Keule behandelt, Konfi eingekocht, um chemische Zusätze zu vermeiden; wenn möglich, pflanzen wir unser eigenes Gemüse. Wir zupfen wieder Unkraut, lesen die Schnecken ab, sammeln Flaschen, Papier, Aluminium, Batterien, kompostieren die Küchenabfälle; statt mit dem Auto fahren wir möglichst mit der Straßenbahn oder dem Fahrrad. Wer umweltbewußt einkaufen, gesund essen will, geht nicht einfach in den Supermarkt. Biologisches Gemüse, Fleisch von natürlich aufgezogenen Tieren muß ich anderswo holen.»

Eine weitere Anforderung an die moderne Hausfrau, die nur zu oft über ihre Möglichkeiten hinausgeht, ist die Notwendigkeit, sich wissenschaftlich auf dem laufenden zu halten, denn «Ohne mich ständig zu informieren, kann ich nicht wissen, welche Geräte energiesparend sind, welche Wasch- und Putzmittel das Wasser schonen, welche Sprays und Verpackungsschäume die Ozonschicht schädigen, welche Nahrungsmittel welche gefährlichen Stoffe enthalten (Nitrate, Schwermetalle etc.), wie die Ökobilanz eines Produkts aussieht, welche Nahrungsmittel strahlenbelastet sind etc. Die Menge des erforderlichen Wissens ist groß, und es kommen laufend neue Erkenntnisse hinzu.» [3]

Die Hausfrau ist – auch das sollte sie sich zum Aufbau ihres Selbstbewußtseins öfters klarmachen – als Konsumentin ein wesentlicher Faktor des Wirtschaftslebens, und sie nützt dies noch nicht genug aus. Es kann Befriedigung geben, mehr und mehr auszuforschen und ins Bewußtsein zu nehmen, woher die Waren, die sie kauft, stammen und wie sie hergestellt oder behandelt worden sind. Dadurch kann ein neues Beziehungsnetz zwischen Produzenten und Konsumenten aufgebaut werden, das auf ganz sachliche Weise menschenverbindend wirkt.

Zum Schluß sei noch eine letzte Qualität des Hausfrauenberufes erwähnt: die Möglichkeit, seine Zeit frei einzuteilen! Dies ist allerdings nicht von selbst gegeben, sondern fordert innere Souveränität, ein eicht distanziertes Verhältnis zur eigenen Arbeit: daß man etwas tun, aber auch lassen kann.

Manchmal fällt es einem schwer, sich herauszulösen, denn in einem Haushalt gibt es immer etwas zu tun. Betty Friedan stellt in ihrem Buch «Der Weiblichkeitswahn» ein Kapitel unter die Überschrift «Hausarbeit läßt sich wie Gummi dehnen», und sie bringt das Beispiel von zwei Müttern in Einfamilienhäusern mit je drei schulpflichtigen Kindern. Die eine war nur Hausfrau, die andere illustrierte als freiberufliche Zeichnerin Bücher, die Einkommensverhältnisse waren etwa gleich. Beide Frauen waren den ganzen Tag beschäftigt, die Kinder von beiden wirkten nicht vernachlässigt. Die Nur-Hausfrau allerdings fand nicht einmal am Abend Zeit, etwas für sich zu lesen, während die Berufstätige auch noch in einem Streichquartett mitspielte. Solche Beobachtungen sind sicher nicht übertrieben – oder nur sehr wenig. Das berufsmäßige Arbeiten an einer Sache, die Spaß macht, kann den Schwung hergeben, alles andere leichter zu erledigen oder zu organisieren.

Aber geht es nur darum? Bietet die Möglichkeit zur freien Zeiteinteilung nicht noch ganz andere Chancen? Beispielsweise einen neuen Zusammenhang mit der Natur herzustellen, indem man versucht, die Qualitäten der verschiedenen Tageszeiten zu erspüren und mit den jeweils sinnvoll hineinpassenden Tätigkeiten auszufüllen.

Höchstens der Landwirt und der Gärtner sind in einer ähnlichen Lage. Schon allein den Gang der Sonne zu verfolgen, wie sie morgens in die Ostfenster scheint, mittags in die südlichen und abends in die westlichen und jedesmal eine ganz neue Stimmung in der Wohnung erzeugt, trägt dazu bei, das Haus wie eine Persönlichkeit mit ganz individuellem Charakter zu erleben. Wie anders wirkt diese Persönlichkeit bei Regenwetter! Eine ganz nach Westen oder ganz nach Osten orientierte Wohnung beeinflussen das Leben ihrer Bewohner in ganz verschiedener Weise.

Eine junge Frau – gewissenhafte Hausfrau und Mutter mehrerer Kinder – war jeden Morgen früh auf einem gemächlichen Spaziergang mit ihren Kindern anzutreffen. Sie meinte, die Arbeit ginge ihr viel besser von der Hand, wenn sie draußen gewesen wäre und gesehen hätte, wie der Tag wird.

Wenn man seine Arbeiten bewußt in den Stimmungsraum des Tageslaufs stellt, bemerkt man, wie man manche Dinge besser morgens tut, manche besser abends, manche besser im Sommer, manche besser im Winter. Im Büro oder im Kaufhaus läßt sich dies nicht berücksichtigen, wohl aber in einem Haushalt. Man ist nicht dazu gezwungen, man kann sich auch hier davon emanzipieren. Wenn man sich aber frei hineinstellt, kann man wieder einen Respekt davor bekommen, mit welcher Würde und Unerbittlichkeit sich die Zeitenläufe vollziehen. Man merkt, wie man durch eine solche Einstellung davor geschützt wird, sich in Kleinlichkeiten zu verlieren, und schließlich kann sogar die Frage auftauchen, ob dies nicht etwas ist, was die Natur von uns erwartet.

Selbstverwirklichung als Mutter?

Wer nur sich selbst sieht,
kann nicht leuchten.
Lao tse

Das Zauberwort, das in unserer Zeit durch alle Frauengemüter geistert, heißt Selbstverwirklichung. Nicht immer ist klar, was man genaugenommen darunter zu verstehen hat. Oft sieht es so aus, als sei es etwas, was jedenfalls durchaus nur im öffentlichen Dienst erreicht werden kann. Um was handelt es sich eigentlich?

Das Wort wurde geprägt von dem amerikanischen Psychologen Abraham Maslow (1908–1970), der die menschlichen Handlungsmotive erforschte. Er unterschied Handlungen, bei denen es darum geht, ein Bedürfnis zu befriedigen wie das nach Nahrung, Achtung, Liebe usw., und solche, die man vollzieht, um sich zu entwickeln. Das letztere nannte er Selbstverwirklichung. Er arbeitete heraus, daß nur *der* Mensch gesund ist, der sich selbst verwirklicht, d. h. die in ihm vorhandenen Möglichkeiten und Fähigkeiten zur Entwicklung bringt. Zugrunde liegt die Erkenntnis, daß wir eine Lebensweise haben, in der wir uns nicht vollmenschlich entwickeln können. Wenn es nun wirklich wahr wäre, daß durch Mutterschaft die Entwicklung stagniert, so müßte man sich in der Tat dagegen zur Wehr setzen.

Hören wir die Stimmen einiger junger Mütter nach der Geburt ihres ersten Kindes. Sie stammen aus dem 1984 erschienenen Büchlein «Frauen erzählen vom Kinderkriegen»[1]:

Gertrud: «Heute glaube ich, daß die Schwangerschaft für mich eine Entscheidung zwischen unbeschwerter Lebenslust und drückender ständiger Verantwortung darstellte. Es gab nur schwarz oder weiß. Eine Identität als Mutter schien mir unvorstellbar. Vielleicht eine Erfahrung, die ich an meiner eigenen Mutter erlebt habe? Ohne daß ich in der Lage war, das Schöne und Erfüllende zu sehen oder zu ahnen, meinte ich, Abschied von meinem relativ freien Leben nehmen zu müssen...

In den ersten Wochen wollte ich die Tatsache, daß ein Baby zunächst eine Einschränkung bedeutete, einfach nicht wahrhaben. Ich war erpicht darauf, alles genauso perfekt im Griff zu haben wie vorher. Aus meiner Angst heraus, zu verblöden als Hausfrau, kaufte ich mir neuerdings jeden Tag Zeitungen, um am Weltgeschehen teilzunehmen. Ich unternahm Aktivitäten, um wieder mit der Außenwelt Kontakt aufzunehmen und kam dabei langsam, aber sicher an den Rand meiner Kräfte. Ich fühlte mich eingeschlossen und isoliert, konnte keine Identität als Hausfrau und Mutter finden und fand alles schlimm.»

Annette: «Rückblickend möchte ich noch einmal verdeutlichen, daß durch ein Kind alles, aber auch alles aus dem Lot gerät. Durch den Kraftakt der Geburt, die vielen Unsicherheiten in der neuen Verantwortung, die körperliche Erschöpfung und durch die ständigen Forderungen, die ein Neugeborenes rund um die Uhr stellt, war ich kaum fähig, mich anderen Aufgaben zu stellen. Der Haushalt blieb liegen, Sexualität und Partnerschaft waren lange Zeit für mich abgeschrieben. Konzentrationsschwäche, Formulierungsschwierigkeiten und ständiger Streß plagten mich. Erst durch das Abstillen und durch die Wiederaufnahme meiner Berufstätigkeit kam ich aus meinem persönlichen Tief heraus. Ich hatte wieder eine andere Ansprache, geistige Herausforderung und plötzlich wieder Kraftreserven.»

Brigitte: «Bei mir kam ein Gefühl der Abhängigkeit auf. Ich fühlte mich nicht mehr als Person, sondern ‹nur› noch als Mutter und Hausfrau, ganz für die Familie... Was mich sehr frustriert, ist die Tatsache, daß ich nicht einmal mehr dazu komme, irgend etwas Schönes zu tun, sei es jetzt Stricken oder ein Buch lesen oder ähnliches. Und zum andern, daß ich einfach keine Zeit und Ruhe habe, einen Gedanken, eine Überlegung, die vielleicht mal nichts mit meinem Sohn zu tun hat, zu Ende zu denken. Meine ganze Energie und Konzentration geht auf ihn über. Und ich habe oft das Gefühl, von dieser Verantwortung, ständig an alles denken zu müssen, erdrückt zu werden.»

Wenn man auch mit Sicherheit sagen kann, daß Frauen, die mehrere Geburten hinter sich haben, anders sprechen – auch im Umgang mit einem Säugling bekommt man Übung wie bei anderen Tätigkeiten –, so ist es doch deutlich, was für eine Belastung, was für eine Umstellung der Übergang zum Muttersein für eine moderne junge Frau bedeutet. Es wird nicht mehr als etwas Natürliches empfunden, in das man sich selbstverständlich fügt. Die auftretenden Schwierigkeiten gehen in mehrere Richtungen. Da ist zunächst die rein körperliche Überforderung, durch die man an den Rand der Kräfte getrieben wird. Sodann die Gebundenheit, die Isoliertheit und fast mehr noch die Angst davor. Schließlich der Mangel an geistiger Herausforderung und das Gefühl, sich im Unpersönlichen zu verlieren, seine Identität als Mutter nicht finden zu können. Die Probleme sind also teils praktisch-sozialer, teils psychologischer Natur.

Zweifellos hatten die Frauen in früheren Zeiten, die noch weniger intellektuell waren, es leichter, sich in die mütterliche Rolle zu finden. Lesen wir, was Anna Magdalena Bach, die zweite Frau von Johann Sebastian Bach, eine begabte Sängerin, über den Anfang ihrer Ehe berichtet.[2] Bach hatte schon vier Kinder aus erster Ehe.

«Als wir im Jahre 1721 heirateten, war Friedemann elf und

Emanuel sieben, der kleine Johann Gottfried sechs und die liebe Katharina zwei Jahre älter als Friedemann. So hatte ich von Anfang an eine kleine Familie zu betreuen und zu bemuttern und, sicher dem gütigen Beispiel ihres Vaters folgend, liebten mich die Kleinen alsbald von Herzen und weihten mich in ihre Vergnügungen und Sorgen ein...

Und bald erfuhr ich noch ein größeres Glück. Ein Kind wurde mir geschenkt, ich erwartete mein Erstgeborenes – eine Zeit, die wohl keine Frau je vergißt. Als all der Flanell und die Windeln zum Wärmen auf dem Herde lagen, führte die gute alte Kinderfrau Sebastian noch einmal zu mir herein. Er sah ein wenig ängstlich aus, doch er sagte mit heiterer Stimme zu mir: Liebe Gute, all die Bachschen Frauen waren fröhliche Mütter von Kindern – dann aber plötzlich, mit ganz veränderter Stimme, flüsterte er, indem er seinen Arm um mich legte: Armes Lamm, wie es mir wehe tut, daß du Schmerzen ausstehen sollst! Und diese Worte, der liebe Klang seiner Stimme trösteten mich, bis unser Erstes glücklich geboren war. Wir hatten im ganzen dreizehn Kinder. Gottes Segen war bei uns, und er machte mich so fruchtbar wie den Weinstock an der Mauer von meines Gatten Hause...»

Jede Feministin wird in diesen Zeilen den Ausdruck des finstersten Patriarchats sehen. Es ist auch zweifellos nicht gerade ein Beispiel weiblicher Identitätssuche, zeugt aber doch von großer innerer Harmonie und seelischer Gesundheit. Die innere Einstellung, mit der man in die Mutterschaft hineinging, ebenso wie die soziale Situation einer jungen Mutter müssen damals sehr anders gewesen sein.

In früheren Zeiten lebten *alle* Menschen, nicht nur die Mütter, viel seßhafter, viel ortsgebundener. Deshalb empfand man das Mutterwerden nicht so stark als Freiheitsbeschränkung, als Fessel. Wer wollte schon in den Ferien nach Italien, nach Israel fahren? Welche Frau wollte schon promovieren oder ins Büro gehen? Im Grunde genommen erzeugt erst in unserer Zivilisation die größere Bewegungsfreiheit des Mannes in der Frau das Gefühl von Abhängigkeit und Unterordnung.

Früher trat man aus der Gebundenheit des Elternhauses in die relativ größere Freiheit der eigenen Familie, heute tritt man meist aus der größeren Freiheit einer Berufsausbildung oder -ausübung in die geringere des Familiendaseins. Kein Wunder, daß dies für viele ein Schock ist. Eine Studentin, an freies partnerschaftliches Zusammenleben mit ihren Kommilitoninnen und Kommilitonen gewöhnt, sieht sich plötzlich an eine oft sehr beengte Behausung und viele praktische Arbeiten gebunden. Sie sieht nicht ein, warum sie allein davon betroffen sein soll, und so gibt es gegenwärtig die begrüßenswerte Tatsache, daß Väter sich mehr als früher in der Kinderpflege betätigen.

Für die Väter ist dies ein Gewinn, denn sie werden durch die immer größere Spezialisierung in Einseitigkeiten gedrängt, die nach Ausgleich verlangen. Rosa Mayreder schreibt bereits 1905: «In der Mutterschaft liegt eine Garantie dafür, daß der Intellektualismus die Frauen nicht in jenes Mißverhältnis zu den natürlichen und primitiven Dingen des Lebens stürzen wird, wie es bei den Männern der Geistigkeit geschieht.» [3]

Praktische Arbeit sorgt dafür, daß der «gesunde Menschenverstand» erhalten bleibt, daß das, was wir denken, «Hand und Fuß hat». Wenn das Denken von Frauen oft praktischer ist als das von Männern, so liegt das sicherlich auch darin begründet, daß sie fast immer stärker mit der Lebenspraxis konfrontiert werden. Dies muß wirklich nicht negativ beurteilt werden. Problematisch ist nur, wenn eine Frau, die auch noch andere Ziele im Leben hat, sich in die Lage gedrängt sieht, sich in den praktischen Arbeiten des Alltags kräftemäßig ganz aufzubrauchen. Die Pflege eines Kindes läßt wenig Freizeit. Hinzu kommt, daß auch der Haushalt plötzlich viel mehr Zeit in Anspruch nimmt: Kochen und Waschen für das Kind, Putzen und Aufräumen.

Eine geistig interessierte Frau muß diese Beschränkung als

schmerzlichen Verzicht empfinden. Das Ausmaß an Selbstlosigkeit, an Hingabe, das nötig wird, ist nicht einfach vorhanden, es muß erworben werden, was harte Arbeit sein kann. Hinzu kommt – und das ist die psychologische Seite der Sache –, daß man sich hierzu oft einfach nicht motiviert fühlt, daß man seine «Identität als Mutter» nicht finden kann.

Woran liegt das? «Vielleicht eine Erfahrung, die ich an meiner eigenen Mutter erlebt habe?» Es ist eine traurige Zeit, in der Töchter in ihren Müttern kein Vorbild, sondern eher ein abschreckendes Beispiel sehen. Es ist dann wiederum kein Wunder, wenn ihnen das Muttersein kein erfreuliches, erstrebenswertes Ziel ist. Offensichtlich ist es diesen Müttern nicht gelungen, sich in ihrem Muttersein zu einer Persönlichkeit zu entwickeln, sich «selbst zu verwirklichen».

Selbstverwirklichung bedeutet, die individuellen Möglichkeiten zur Entfaltung zu bringen. Kennt man diese so genau, wenn man jung ist? Hat man Sicherheit, in welche Richtung die Entwicklung gehen sollte? Genaugenommen kann man auch niemals alles «verwirklichen», was möglich wäre. Die meisten Mütter aber, auch die emanzipierten, müssen bei wirklich ehrlicher Selbstprüfung sagen, daß sie vieles von dem, was sie als Persönlichkeit darstellen, ihren Kindern verdanken. Ja, man fragt sich, ob nicht gerade den Frauen ohne Kinder eine wichtige Erlebnismöglichkeit versagt geblieben ist, ein gewisses Etwas, das ein weibliches Leben bringen kann, fehlt ihnen. Schließlich gehört es zur Entfaltung der Persönlichkeit, daß diese in einem weiblichen Körper stattfindet.

Es kann nachdenklich stimmen, wenn man wahrnimmt, wie Frauen, die jung starben, in der Zeit vor ihrem Tode rückblickend der Mutterschaft doch einen sehr hohen Stellenwert in ihrem Leben gaben als Erfüllung weiblichen Daseins und damit vollmenschlicher Entwicklung.[4]

Offensichtlich ergibt sich diese Erfüllung aber nicht mehr von selbst durch die biologische Tatsache, Mutter zu werden.

Vielmehr geht es darum, die Mutterschaft bewußt in die eigene Persönlichkeit zu integrieren, das heißt aber, sie in ihren verschiedenen Stufen und Aspekten zu bejahen und aufkommende Unzufriedenheiten ins Positive zu denken. Eine Mutter, der das gelingt, wird menschlich viel gewonnen haben. Sie wird bereichert sein durch schöne und auch lustige Erlebnisse und gereift durch die Herausforderung, bei Schwierigkeiten durchzuhalten. Es bedeutet eine Charakterstärkung und Gemütsvertiefung, kleine, unscheinbare, schlichte Handlungen durch Jahre hindurch wieder und wieder auszuführen.

Zweifellos kann man in vielen Berufen sich selbst stärker erleben und zur Geltung bringen als in der häuslichen Tätigkeit einer Mutter. Aber wiederum ist das Muttersein kein ernsthaftes Hindernis, Persönlichkeit zu entwickeln. Ein Selbstbewußtsein, das sich auf eine äußere Position und die Anerkennung anderer abstützen muß, ist schwächer als eines, das sich in Selbstüberwindung und regelmäßiger praktischer Arbeit herausgebildet hat. Wir Frauen sind in Gefahr, ständig äußere Freiheiten anzustreben, aber dabei innerlich schwach und unselbständig zu bleiben. Das größte Entwicklungshindernis ist der Glaube, sich wegen seiner äußeren Lebensumstände nicht selbst verwirklichen zu können.

Das schließt natürlich nicht aus, daß dies mit Schwierigkeiten verbunden sein kann, sowohl mit äußeren als auch inneren. Das viele Alleinsein beispielsweise kann dazu führen, daß man eine Art von Menschenscheu entwickelt, sich in sein Schneckenhaus verkriecht und wegen mangelnder Herausforderung von außen wirklich immer schwächer wird. Das ist ein Alarmzeichen. Da sollte man rechtzeitig etwas unternehmen. Oft kann schon eine Einladung, ein Theaterbesuch, eine kleine Reise – was eben in der Situation gerade möglich ist – Hilfe geben.

Es gibt auch einen kleinen Trick, wie man sich bei Minderwertigkeitsgefühlen helfen kann. Im allgemeinen gilt Eigenlob ja nicht als Tugend, aber dann, wenn man sich aufreibt in allen möglichen Unbedeutendheiten, kann es wahre Wunder tun, wenn man sich selbst ein bißchen lobt (so still für sich!): Dieses Mittagessen ist mir aber hervorragend gelungen! Daß ich diesen Tag mit den kranken Kindern so gelassen durchgestanden habe, ist erstaunlich! Ich hätte früher nie geglaubt, daß ich einmal würde so gut nähen können! Ich bin wirklich fleißig gewesen, daß ich die ganze Bügelwäsche auf einmal weggeschafft habe! usw.

Wertvoll ist auch, wenn ein regelmäßiger Austausch mit anderen Menschen, die in der gleichen Lage sind, möglich ist, denn man braucht immer wieder eine neue Motivierung. Ich meine jetzt nicht, daß man sich beim Spaziergang auf der Straße trifft und erfährt, was die Nachbarin ihrem Kind bei Bronchitis gegeben hat, sondern z. B. einen regelmäßigen Leseabend, wo man gemeinsam an einem pädagogischen Thema arbeitet, was Spaß und Anregung gibt und ab und zu ein unausgesprochenes Lob, wenn man merkt, daß man offensichtlich etwas richtig gemacht hat, oder eine Korrektur, die man nicht als Vorwurf empfinden muß.

Nicht weniger wichtig kann eine Arbeit über ein ganz anderes Thema sein, durch die man immer wieder inneren Abstand bekommt und die Dinge von einer höheren Warte aus betrachten kann. Der regelmäßige Kirchgang in alten Zeiten brachte viel Substanz in das alltägliche Leben. Etwas Entsprechendes haben auch wir bitter nötig, ebenso wie die Möglichkeit, sich jeden Tag für kurze Zeit zurückzuziehen zur Pflege des inneren Lebens. Es ist für eine Mutter oft recht schwierig, die Zeit für ein Gebet oder eine Meditation zu finden und dazu einen Raum, in dem niemand sie stört. Macht sie es aber möglich, so hat sie eine Kraftquelle, ohne die ein moderner Mensch nicht mehr auskommen kann. Manche Mütter bringen es fertig, am Morgen zehn Minuten vor ihren Kindern auf zu sein und diese für ihre innere Arbeit zu nutzen. Für andere ist eine spätere Zeit im Laufe des Vormittags günstiger. Einen ganz besonderen

Stellenwert hat auch die abendliche Rückschau auf den Tag. Man kann da rücklaufend die Erlebnisse an sich vorüberziehen lassen, ohne sie zu bewerten oder darüber nachzugrübeln. Dennoch wird man bemerken, wie vieles sich dadurch zurechtrückt.

All dies beugt auch einer Gefahr vor, die noch schlimmer ist als Unzufriedenheit oder Menschenscheu, weil man weniger merkt, daß etwas nicht stimmt. Ich meine die Horizontverengung. Es gibt Mütter, die zufrieden mit sich selbst sind, nichts mehr verlangen und einen Interessenkreis haben, der über Waschmaschine, Mittagessen und die saubere Wohnung nicht hinausgeht. In diese Stagnation kann man allerdings nur hineinkommen, wenn man sein Muttersein so auffaßt, daß man lediglich für Sattheit und Sauberkeit der Familienmitglieder zu sorgen habe. In dem Augenblick, wo man auch seelisch-geistig mit seinen Kindern mitlebt, nehmen sie einen mit in ihre Entwicklungsbewegung, wobei man sich ständig als Anfänger erweist und mit Neuem konfrontiert wird.

Hat man einmal einen ruhigen Nachmittag oder Abend für sich, so lohnt es sich, von Zeit zu Zeit Bilanz zu ziehen und sich zu fragen, was man in der Zeit seines Mutterseins gelernt hat. Man wird vielleicht feststellen, daß man stärker und selbständiger geworden ist durch die Möglichkeit, Verantwortung zu übernehmen, daß man nicht mehr so ängstlich ist und daß man seine schlechte Laune besser in den Griff bekommen hat. Es gibt sogar körperliche Veränderungen: Man wird nicht mehr so häufig krank, weil man es sich nicht leisten kann, es wird einem nicht mehr schlecht beim Autofahren, weil es dem Kind schlecht wird usw. Fleiß, Ausdauer, Durchhaltevermögen, Aufmerksamkeit, Hingabekraft, Selbstlosigkeit sind Eigenschaften, die das Muttersein uns abfordert. Die Liste könnte problemlos verlängert werden. Ebenso wichtig ist natürlich, sich Rechenschaft darüber abzulegen, was einem *nicht* gelungen ist.

Bisher wurde von den Möglichkeiten gesprochen, die der Mutterberuf durch sich selbst zur Persönlichkeitsentwicklung anbietet. Diese können allerdings nur durch den Willen, sich mit dem Muttersein zu identifizieren, voll ausgeschöpft werden.

Darüber hinaus aber kann man danach streben, seine ganz persönlichen Interessen und Fähigkeiten in das Familienleben einzubringen. Eine Frau, die vor ihrer Mutterschaft die Kunstakademie besucht hatte, lebte im Feiern von Kinderfesten ihre ganze künstlerische Gestaltungskraft aus, die sie den Kindern zuliebe vorerst hatte zurückstellen müssen. Sie malte auch Bilderbücher für die Kinder, bastelte Spielzeug, bestickte Kleidchen. Eine andere Mutter, die besonders im Schneidern befähigt war, nähte alle Kleider für die Familie. Eine Gärtnerin hatte besondere Freude daran, Blumen und das nötige Gemüse im Garten zu ziehen. Sogar ein Interesse für Literatur läßt sich ausleben, indem man den Kleinen Märchen erzählt und den Größeren Kinderbücher und später auch anspruchsvollere Werke von Dichtern vorliest. Es gibt Dichtungen, die leise zu lesen eine Zumutung ist, weil sie sich nur dem gesprochenen Wort erschließen wie die alten Versepen Ilias und Odyssee, Parzival und Kalevala. Durch gemeinsames Lesen kann man plötzlich einen Zugang zu ihrer rhythmischen Schönheit finden. Natürlich kann man auch leichtere Lektüre wählen wie z. B. die Erzähler des 19. Jahrhunderts. Das Vorlesen hat ein soziales Element und kann den Grund zu einer Liebe zur Dichtung legen.

Die Beispiele ließen sich vermehren. Das Haupthindernis, sich selbst zu verwirklichen, ist – noch einmal sei es gesagt – der Glaube, daß man es aus irgendeinem Grunde nicht könnte, denn durch diesen wird man verhindert, das, was man tut, mit ganzer Seele zu tun und es so der Wirklichkeit einzuprägen.

Je mehr man eigene Interessen entwickelt und gepflegt hat, schon während die Kinder heranwuchsen, desto leichter wird es einem, sie, wenn sie größer sind, freizulassen. Manche Mütter können ihre Kinder nicht freilassen, weil sie sie brauchen, um sich selbst und ihre Daseinsberechtigung in ihnen zu erleben. Das ist eine falsche Art der Selbstverwirklichung als Mutter. Die Daseinsberechtigung sollte man inzwischen auch noch auf andere Lebensgebiete abstützen können. Bei größeren Kindern ist eine zusätzliche berufliche Arbeit für die Mutter nicht nur möglich, sondern hilfreich für sie und die Kinder, denn das Freilassen ist keineswegs leicht, nachdem man sich vorher voll mit dem Muttersein identifiziert hat.

Wir sollen ja nicht plötzlich gleichgültig werden, sondern mit liebevollem Interesse alles begleiten, was die Kinder tun, und dennoch nur mit Abstand zuschauen, wie sie ihre Erfahrungen machen. Hier bekommt der Satz von Rilke volle Gültigkeit: «Wir haben, wo wir lieben, ja nur eins: daß wir uns lassen, denn daß wir uns halten, das fällt uns leicht und ist nicht erst zu lernen.» [5]

In keinem Alter sind Kinder so empfindlich gegenüber Beaufsichtigung wie in der Pubertät. Sie möchten frei sein, zu kommen und zu gehen, schleichen sich ins Haus oder heraus, auch wenn sie wirklich nichts zu verbergen haben. Da ist es gut, wenn wir andere Interessen haben, als dauernd die Kinder zu beobachten und zu kontrollieren, wann sie abends nach Hause kommen. Wir müssen sie spüren lassen, daß uns dies zwar nicht gleichgültig ist, daß wir ihnen aber vertrauen und ihnen immer größere Freiräume der Eigenverantwortlichkeit zugestehen.

Das mag so klingen, als habe ein Teenager keine Erziehung mehr nötig. So ist das nicht, aber sie besteht fast ausschließlich in der Selbsterziehung der Eltern. Es wird durchaus darauf hingeschaut, wie sie sich verhalten, auch wenn es manchmal anders zu sein scheint.

Ehekrisen erleben zu müssen, ist für Kinder in der Pubertät besonders schmerzhaft, da in dieser Zeit der Grund gelegt wird für das spätere Verhalten dem anderen Geschlecht gegenüber. Das erwachende Seelenleben ist außerordentlich zart und empfindlich, und im tiefsten Innern lebt der Wunsch, sich an Idealem zu orientieren.

Wir werden uns auch jetzt noch um der Kinder willen manches versagen müssen. Wir sollten nicht darüber klagen, denn es kommt uns schließlich auch selbst zugute. Das Verbot zu rauchen beispielsweise hat keinen Wert, wenn der Vater ein Kettenraucher ist oder wenn in der Schule aus dem Lehrerzimmer die Rauchschwaden quellen.

Es kann sich ereignen, daß wir an dem Kinde irgendwelche schlechten Eigenschaften entdecken, die wir auch selbst besitzen und die wir nun von außen gespiegelt bekommen, jetzt nicht mehr durch den Charme der Kindheit gemildert. Vielleicht bemerkt eine Mutter, die leicht zornig wird, an ihrer Tochter die gleiche Eigenschaft. Sie wird sich sagen müssen: «So können wir nicht miteinander leben, wir werden dauernd Streit bekommen. Ich bin die Ältere, es ist an mir, diese Eigenschaft abzulegen.»

Sehr bitter zu ertragen ist es allerdings, wenn man sich in jeder Weise darum bemüht hat, seinem Kinde ein Vorbild zu sein und erleben muß, wie es ganz und gar «aus der Art schlägt», Eigenschaften entwickelt, Dinge tut, die den Eltern absolut fremd sind, und sich selbst dabei schadet. Es gibt Fälle, z. B. bei Drogensucht, die als Krankheit gesehen werden müssen, und wo man sich vielleicht zu einem gewaltsamen Eingriff entschließt. Meist aber kann man durch Verständnis und Zurückhaltung Schlimmeres verhüten. Therese Schröer schreibt in ihrem Buch «Über praktische Kindererziehung»: «Die Jugend hat Durchgangsperioden; da braucht sie Schonung und ein mildes Leiten. Oft gehen sie wie Mondsüchtige eine schmale gefahrvolle Straße; was fruchtet da aufbrausendes Poltern? Ein Winken sei uns bloß erlaubt; durch die Pforte von einem Lebensabschnitt in den andern dürfen sie weder gedrängt noch gestoßen werden. Ruhe, Liebe und Selbstverleugnung müssen wir ihnen in unserem Überwachen zu Geleitern geben. Glauben wir zu ermüden, in gänzlicher Herzenserschöpfung hinzusinken, so sage man sich: Morgen kann es mit Gottes Hilfe anders sein! Und häufig ist es auch so. Eine Stunde, ein Tag, und unsere Tochter, unser Sohn hat die Puppe abgestreift, und die Psyche breitet uns ihre jungen Fittiche entgegen.»

Wir sollten niemals glauben, daß unsere innere Einstellung wirkungslos ist. In einem Fall schrieb eine Mutter ihrem Sohn: «Ich weiß, daß Du in großen Schwierigkeiten bist. Aber Du hast auch schon anderes bewältigt. Ich glaube, daß Du stark genug bist, auch dies zu überwinden.» Die Antwort war: «Wenn Du das glaubst, dann ist es auch so!»

Vor der Mutter steht bei ihren erwachsenen Kindern die Aufgabe, all das, was sie vorher entwickelt hat an Fähigkeit, zu bemuttern und zu erziehen, wieder zurückzunehmen und frei und offen jede Überraschung hinzunehmen mit Interesse, warmer Teilnahme und dem Glauben an positive Entwicklungsmöglichkeiten.

So wie man mit seinen Kindern noch einmal Kind werden konnte, so kann man mit heranwachsenden Jugendlichen noch einmal jung werden, nicht indem man sein wahres Alter verleugnet, sondern indem man die Vielzahl von Interessen teilt, die die Kinder und ihre Freunde ins Haus bringen. Nach der Pubertät ist deutlich zu bemerken, wie man es plötzlich mit Individualitäten zu tun hat, bei denen es nur noch wenig wiegt, daß man mit ihnen verwandt ist. Zwar teilt manches Kind mehr die Interessen der Mutter, ein anderes mehr die des Vaters. Es kann auch sein, daß Interessenrichtungen auftreten, die bisher in der Familie überhaupt noch nicht vorgekommen sind. In jedem Fall gibt es Anlaß zu Austausch und Gesprächen. Das Leben wird plötzlich außerordentlich vielfältig.

So wandelt sich das pädagogische Verhältnis unversehens in

ein Freundschaftsverhältnis um, durch das man nicht nur innerlich bereichert wird, sondern das auch dazu beiträgt, daß man sich selbst als Mensch und Persönlichkeit finden kann.

Eine Mutter, die nicht aufhört, sich weiterzuentwickeln, wird für ihre Kinder kein abschreckendes Beispiel sein, ja, es kommt gelegentlich vor, daß eine Tochter ihrer Mutter einen solchen Brief schreibt, wie es Anne Morrow Lindbergh kurz nach ihrer Eheschließung tat:

New York City [Anfang Mai 1929]

Liebste Mutter,
ich habe hier gesessen und nachgedacht und über Dich nachgedacht. Und ich finde nicht die richtigen Worte. Ich möchte Dir gern sagen, daß Du großartig bist. Ich sitze die meiste Zeit apathisch, egoistisch und teilnahmslos am Rande Deines ausgefüllten, wunderbaren Lebens und scheine Dich als selbstverständlich hinzunehmen. Aber man ist eher überwältigt und geneigt, es zu vergessen oder es nicht zu erfassen, denn Du selber scheinst nie zu glauben, daß Du wunderbar bist! Und so dachte ich mir, ich wollte Dir einmal sagen, was jeder Dir immerzu sagen sollte – was jeder von Dir sagt, was Du aber nie hörst: daß Du einfach eine wunderbare Person bist; eine seltene, schöne, erstaunlich lebensoffene Person, so rundum für alles empfänglich, für alles aufgeschlossen.

Das ist die höchste Form von Lebensart. Das ist mir im Laufe der Zeit immer klarer geworden. Natürlich habe ich das erkannt, als unsere Interessengebiete sich erweiterten. Es war erstaunlich, denn bei jeder Phase, die wir durchmachten, bei jedem neuen Gebiet, das wir entdeckten – jeder neuen Begeisterung –, warst Du da, gingst voll warmen Verstehens auf alles ein, ganz so, als hättest Du selber es auch eben erst entdeckt. Aber so bist Du mit allen und auf tausend Gebieten. Die Schwierigkeit ist, daß keiner das so ganz schätzen kann, niemand hat die Größe, um das in vollem Umfang zu ermessen![6]

Wozu sind wir berufen?

Frei ist nicht, wer tun kann, was er will,
sondern wer werden kann, was er soll.
Paul de Lagarde

Mutterschaft ist eine große und wichtige Aufgabe. Dennoch liegt eine geschichtliche Notwendigkeit darin, daß in unserer Zeit die Frauen in die öffentlichen Berufe drängen. Wir kommen damit zu der grundsätzlichen Frage: Was für eine Bedeutung hat die Arbeit des Menschen in seiner Biographie? Diese Bedeutung wandelt sich von Jahrhundert zu Jahrhundert, ja sogar von Jahrzehnt zu Jahrzehnt.

Mit der Welle des Amerikanismus nach dem Zweiten Weltkrieg kam das Wort «Job» in den Sprachschatz des Mitteleuropäers. Als Fremdwort im deutschen Sprachbereich bekam es eine Bedeutung, die etwas von der ursprünglichen englischen abweicht. Wir verstehen darunter etwa «Gelegenheitsarbeit zu dem Zwecke, Geld zu verdienen». Wollen wir eine größere Anschaffung machen, planen wir eine Weltreise, so müssen wir eben vorher etwas «jobben».

Es geht hier also um den rein materiellen Aspekt der Arbeit. Meist benötigt man für einen Job keine Ausbildung. Der Arbeitende ist leicht austauschbar. Das bringt ein Höchstmaß von Freiheit im Sinne von Verpflichtungslosigkeit sowohl für den Arbeitgeber als auch für den Arbeitnehmer mit sich.

Etwas anderes versteht man nach wie vor unter Arbeit im Beruf. Ein junger Mensch strebt ein Berufsziel an, d. h. er wählt sich eine Tätigkeit, von der er glaubt, daß sie ihn langfristig befriedigen wird. Er absolviert eine Berufsausbildung. Je länger man ausgebildet wurde, desto wertvoller ist man als Fachkraft, die nicht so leicht durch jemand anderes ersetzt werden kann. Man verdient also nicht nur Geld, sondern man erwirbt sich Position und Anerkennung. Durch das Stehen im öffentlichen Leben, durch Erfolgserlebnisse und finanzielle Unabhängigkeit wird das Selbstbewußtsein gestärkt. Die Frauen unseres Jahrhunderts wissen, daß sie eine solche Stärkung nötig haben. Deshalb streben sie nach der außerhäuslichen Berufsarbeit, auch wenn dies aus finanziellen Gründen nicht unbedingt nötig wäre. Nachdem sie sich jahrhundertelang einsichtig in die Rolle, die ihnen durch das Leben zugewiesen wurde, gefügt haben, möchten sie endlich frei ihre Tätigkeit wählen.

Was weniger beachtet wird, ist, daß auch bei Männern die Möglichkeit freier Berufswahl und damit das Finden der Identität als Einzelmensch noch verhältnismäßig jungen Datums ist. Noch im Mittelalter wurde der Beruf praktisch vollständig durch die Familie und das soziale Umfeld bestimmt, z. B. wurde der älteste Sohn Bauer, der jüngste Mönch, ob sie darin nun seelische Befriedigung fanden oder nicht.

Am ehesten konnte man wohl zu allen Zeiten von «Selbstverwirklichung» sprechen bei genialen Menschen, die aus dem Rahmen ihrer familiären Verhältnisse wie auch ihrer Zeit herausfielen. Das sind diejenigen, die zu etwas «Berufung» fühlen. Diese entwickeln oft eine ungeheure Kraft, etwas gegen alle Widerstände und Schwierigkeiten durchzusetzen. Sie fühlen wohl, daß sie ihr innerstes Wesen verleugnen würden, wenn sie es nicht täten, mehr noch aber fühlen sie meistens, daß sie mit ihrer Arbeit im Dienste eines Höheren stehen. Als Beispiele könnte man viele aufzählen, sei es nun Jeanne d'Arc oder Beethoven, van Gogh oder Marie Curie. Solchen Menschen geht es weder um den Verdienst noch auch um Erfolg und Anerkennung, die sich meist erst nach ihrem Tode einstellen. Sie sehen ihre Arbeit ausschließlich von der ideellen Seite.

Zwischen dem materiellen und dem ideellen Pol, zwischen dem «Job» und der «Berufung» spielt sich irgendwo das normale Berufsleben ab, bei manchen tendiert es mehr nach der einen, bei manchen nach der anderen Richtung. Das ideale Gleichgewicht ist selten. Der Job repräsentiert dabei die unindividuelle, die Berufung die individuelle Seite. Von «Jobsharing» kann gesprochen werden. Die Berufung ist unteilbar.

Für manche Menschen ist der Beruf lebenslänglich nur ein Job. Seit dem vorigen Jahrhundert hat sich durch die Fabrikarbeit die Berufsarbeit in hohem Maße zum materiellen Pol hin verschoben. Dadurch gewinnt der Unterschied von Arbeit und Freizeit immer mehr an Bedeutung.

Da die Arbeit im allgemeinen außer Haus stattfindet, gibt es eine strenge Trennung von öffentlichem und Privatleben. Das Privatleben ist die ganz persönliche Sphäre eines Menschen, und es ist indiskret, sich zu sehr dafür zu interessieren. Man könnte sagen, der Dualismus, einst ein philosophisches System, ist in unserer Zeit bis in die Lebensgewohnheiten gedrungen.

Dies bietet im Positiven die Rückzugsmöglichkeit, den Schutz der Persönlichkeit. Das Recht auf das eigene Zimmer ist für uns Europäer ein wichtiger Lebensfaktor.

Der negative Aspekt ist, daß das öffentliche und das Privatleben in Widerspruch zueinander geraten können. Das fängt schon bei den gut verdienenden Freizeitidealisten an. Es gehören auch die dazu, die schöne und moralische Gedanken verbreiten als Erzieher, als Vortragende, und dem im Privaten nicht entsprechen. Man kann wochentags als Wissenschaftler arbeiten und sonntags in der Kirche eine völlig andere Denkweise pflegen. Oder man arbeitet in der Chemie, produziert Insektizide und chemische Düngemittel, setzt sich aber in der Freizeit für Umweltschutz ein.

Wiederum aber muß ein Mensch, der sein «eigentliches» Leben in der Freizeit lebt und außerdem eine Berufstätigkeit zum Geldverdienen hat, nicht in der geschilderten Art schizophren sein, ja noch nicht einmal ein Materialist. Man kann sich zu etwas «berufen» fühlen, was man einfach nicht zu einem Beruf, der auch bezahlt wird, gestalten kann.

Wenn ein junger Mensch einen Beruf wählt, wird er allerdings zunächst doch meist nach einem suchen, der einerseits die Lebensgrundlagen hergibt und andererseits Spaß macht, d. h. den eigenen Interessen und Fähigkeiten entspricht. Einen solchen zu finden, wird immer problematischer. Ausgesprochene «Berufungen» sind selten, viele Menschen sind vielseitig, aber in allem mittelmäßig begabt. Da ist es oft sehr schwer, zu einer Entscheidung zu kommen.

Daß aber in unserer Zivilisation überhaupt die Möglichkeit einer solchen persönlichen Wahl und Entscheidung gegeben ist, hängt mit der Individualisierung der Menschheit zusammen, wie wir bereits festgestellt haben. Es ist ein Akt der Freiheit. Daher spielte in der Frauenbewegung von Anfang an der Kampf um gleiche Bildungschancen und Berufsmöglichkeiten eine so große Rolle.

Noch ist dieser Kampf nicht zu Ende gekämpft. Aber es ist doch heute ziemlich selbstverständlich, daß ein Mädchen eine Berufsausbildung macht und nicht zu Hause bleibt und auf den Bräutigam wartet wie im Bürgertum der vorigen Jahrhunderte. Und daß man auf die Universität geht, nur um sich einen Ehemann zu angeln und sich dann in die Häuslichkeit zurückzuziehen, ist auch eher selten. Häufiger ist das Bestreben, trotz des Zusammenlebens mit einem Partner Ausbildung oder Berufstätigkeit fortzusetzen. Daneben aber ist es nur natürlich, daß im Laufe dieses Zusammenlebens der Wunsch nach einem Kind auftritt oder auch das Kind sich einfach ohne große Vorplanung einstellt.

Damit ergibt sich eine Zwangslage: der Zwiespalt der Frau zwischen Mutterschaft und Beruf.

«Man kann wohl sagen, das Weib ist der kindergebärende Teil der Menschheit; aber schon wenn man formuliert: der Beruf des Weibes ist, Mutter zu werden, überschreitet man die Grenze, die der Generalisation gesetzt ist, indem man einen Begriff einführt, den Beruf, von dem sich individualistische Bestandteile nicht trennen lassen.» So formulierte Rosa Mayreder bereits 1905 in ihrem Buch «Zur Kritik der Weiblichkeit». Es ist damit zum Ausdruck gebracht, daß sich für die Frau ihre Aufgaben als Mutter und diejenigen als Individuum nicht problemlos zusammenfügen lassen. Es wurde im vorigen Kapitel versucht darzustellen, wie man daran arbeiten kann, die allgemein weiblichen Aufgaben in die Persönlichkeitsentwicklung zu integrieren. Es soll nun der entgegengesetzte Standpunkt eingenommen werden.

Es ist nur zu verständlich, daß viele Frauen einfach keine Lust haben, nur deshalb, weil sie Kinder haben möchten, automatisch in eine Lebensform, die Mutterschaft als Beruf, gedrängt zu werden, was sie sich nicht gewählt haben und worin sie nicht ihre einzige Lebensaufgabe sehen können.

Man sucht zur Lösung dieser Problematik nach alternativen, unkonventionellen Lebensformen. Leider gibt es keine Lösung, die allgemeine Gültigkeit haben könnte. So wie man sich früher an der vorigen Generation orientiert hat, orientiert man sich jetzt an Gleichaltrigen oder nur wenig Älteren, die im Grunde ebenso hilflos sind wie man selbst. Eine Änderung der Sozialformen kann nur insoweit hilfreich sein, als dadurch die alten Gefüge gelockert werden und Spielraum für individuelle Versuche geschaffen wird.

Es liegt nahe, eine Möglichkeit schaffen zu wollen, durch die sich doch vielleicht beide «Berufe» vereinigen lassen. Durch die Technisierung unserer Welt gibt es aber immer weniger Tätigkeiten, die in Gegenwart von Kindern ausgeführt werden können, allenfalls handwerkliche oder Gartenarbeit.

Fast alle Berufe fordern eine anderweitige Versorgung der Kinder. Doch wie?

Die Forderung nach mehr öffentlichen Einrichtungen zur Kinderversorgung (Säuglingskrippe, Kindergarten usw.) wird besonders lautstark von kinderlosen Frauen erhoben (z. B. Simone de Beauvoir). Mütter von Kindern wissen, was es bedeutet, wirklich täglich sein Kind aus dem Hause bringen zu müssen, auch wenn es weint, erkältet ist usw. Auch kann es schwerfallen, wichtige Entwicklungsschritte, die das Kind macht, nicht mitzuerleben.

In den sozialistischen Staaten ist die Auflösung der Familie als sozialer Einheit, die Öffentlichkeit der Erziehung und damit eine größere Freistellung der Frauen für Berufsarbeit verwirklicht. Es ist dies natürlich nicht unrealistisch in einer Zeit der Scheidungen und des Familienzerfalls. Aber in diesen Ländern weiß man auch ein Lied davon zu singen, wie ungeheuer schwierig die Organisation all dieser öffentlichen Einrichtungen ist, wie lang die Wartelisten sind und wie routinemäßig oft die Abfertigung, da kein persönliches Interesse dahintersteht. Eine junge Mutter aus der DDR beschreibt, was sie empfand, als sie endlich für ihr knapp einjähriges Kind einen Krippenplatz bekam: «Mit einem lachenden und einem weinenden Auge nahm ich diese Tatsache entgegen. Was sollte ich tun? Ehrlich gesagt, ich wäre gerne noch zu Hause geblieben – ach, wäre ich doch! Mit Grauen denke ich an diese Tage der Krippenaufnahme zurück: Morgendliches Weinen, ständiges Kranksein (Erkältung, Durchfall, Brechen...). Was soll werden? Nur ein Glück, daß die Oma das Kind schon um 14 Uhr abholen kann!» [1]

Viele junge Frauen haben durchaus den Wunsch, voll und ganz Mutter zu sein, wenn es möglich wäre, nebenher noch in gewissem Rahmen persönliche Interessen zu pflegen und wenn der Wert ihrer Tätigkeit von der Allgemeinheit etwas mehr gewürdigt würde. Zitieren wir noch einige Aussagen junger Mütter:

Bettina: «Wird bei einer Frau schon nicht anerkannt, daß sie durch Beruf, Haushalt, Kindererziehung, seelischen und körperlichen Aufbau des Mannes für die Gesellschaft arbeitet, so wird sie als Schwangere endgültig in die passive Ecke gedrängt... Schwangere geben aber ihre Persönlichkeit und ihre Eigenarten nicht bei der Befruchtung ab. – ‹Das Kind, die Schwangerschaft gehört zu meiner Entwicklung als Person. Es gehört zum Leben, zu meinem Leben, ist aber auch nicht das ganze Leben, nicht alle Auseinandersetzung. Da würde mir immer etwas fehlen.› Das notierte ich während der Schwangerschaft in mein Tagebuch.»

Gabriele: «Manchmal kam ich mir abgekapselt vor, weit entfernt von der übrigen Welt. Alle ehemaligen Bekannten ohne Kinder konnten sich nicht vorstellen, wieso ich keine Zeit mehr hatte, daß ich oft zu müde war, um abends auszugehen, oft nicht mal mehr die Kraft hatte, anzurufen. Sie distanzierten sich immer mehr. Dann dieses kinderunfreundliche Land, in dem Hunde mehr Rechte haben als Kinder. Wo man Angst haben muß, das Kind könnte einen Laut von sich geben, wenn man ausfährt, einkauft, in ein Restaurant geht. All diese Dinge werden zum Problem. Frauen mit Kindern gehören nicht dazu, passen nicht in unsere moderne Gesellschaft, sie werden abgeschoben, auf Spielplätze, sie gehören ins Haus, ihre Arbeit mit den Kindern wird nicht anerkannt.»

Doris: «Immer wieder werde ich mit der Gleichgültigkeit und dem Nichtverstehenkönnen ehemalige Freunde konfrontiert. Was mich sehr nachdenklich macht, ist, daß je feministischer die Frauen eingestellt sind, um so gleichgültiger und desinteressierter sind sie an meiner neuen Lebenssituation. Ist es Unsicherheit oder Angst, sich nicht mit diesem so hautnahen Thema zu befassen?»

Wir haben festgestellt, daß der Beruf «Mutter» in vieler Hinsicht nicht in unser Berufsschema paßt. Daraus wird im allgemeinen geschlossen, daß es eben kein Beruf sei. Aber wir können die Frage auch andersherum stellen. Ist vielleicht bei unserem Berufsschema etwas nicht in Ordnung? Ist unsere Vorstellung von Berufsarbeit die einzige mögliche und für die Entwicklung der Menschheit richtige? Ist der Mutterberuf einfach nur altmodisch oder hat er vielleicht, gerade weil er noch nicht so abgeleitet, so spezialisiert ist, Qualitäten, die anderen Berufen mangeln und die Keime für die Zukunft sein können?

Betrachten wir noch einmal das Problem der Berufswahl bei den jungen Menschen der Gegenwart. Sie bereitet oft außerordentliche Schwierigkeiten. Man schwankt zwischen Handwerker und Universitätsprofessor, zwischen Programmierer und Krankenpfleger. Man schickt die Jugendlichen dann zum Berufsberater, um ihre Anlagen prüfen zu lassen. Mir ist kein einziger Fall bekannt, wo ein Berufsberater einen wirklich brauchbaren Rat gegeben hätte. Oft sind mehrfache Berufswechsel nötig, um das richtige herauszufinden.

Es ist erstaunlich, daß Rudolf Steiner schon 1916, als dies Problem von der Allgemeinheit noch überhaupt nicht bemerkt wurde, auf diese Dinge hinweist:

«Denn das, was heute noch vielfach möglich ist, was aber nur ein Überbleibsel alter Zeiten ist, dem die Menschen noch nachhängen aus einem gewissen Schlendrian heraus, das wird sich bald als eine leere Redensart herausstellen, jene schönen Redensarten, die heute vielfach bewundert werden: man müßte die Anlagen der Kinder beobachten und man müßte sie werden lassen das, was ihren Anlagen entspricht. Gerade das wird sich eben sehr bald als eine leere Redensart herausstellen. Denn erstens werden die Menschen sehen, daß diejenigen, die von jetzt an geboren werden, in komplizierterer Weise auf ihre früheren Inkarnationen zurückweisen, als das noch im vierten nachatlantischen Zeitraum (ca. 800 v. Chr.–1400 n. Chr.) der Fall war, daß sie in ihren Anlagesystemen Kompliziertheiten zeigen, von denen man sich früher nichts träumen ließ. Es waren die Anlagesysteme in früheren Zeiten viel einfacher. Und Leute, die sich besonders geeignet glauben, bei erwachsenen Kindern die Anlagen zu prüfen, ob sie zu diesem oder jenem Berufe geeignet sind, werden vielleicht die Erfahrung machen müssen, daß solche Einsicht in die Anlagen nur die phantastischen Einbildungen der betreffenden, sich gescheit dünkenden Menschen sind.

Aber abgesehen davon wird das Leben der Menschen so kompliziert werden in nicht zu ferner Zeit, daß das Wort ‹Beruf› eine ganze andere Bedeutung annehmen wird. Heute stellt man sich noch vielfach bei dem Beruf etwas Innerliches vor, obwohl der Beruf bei den meisten Menschen keineswegs sich als etwas Innerliches darstellt. Heute stellt man sich vor: Beruf – wozu der Mensch durch seine inneren Qualitäten berufen ist. Würde man einmal objektiv prüfen, besonders in unseren Städten, wie viele Menschen antworten würden: Ich bin in meinem Berufe deshalb drinnen, weil ich einsehe, daß dies der einzige Beruf ist, der meinen Anlagen, meinen Neigungen von Kindheit auf entspricht –, würde man diese Frage mindestens an die meisten städtischen Menschen stellen, so würde man wohl in den wenigsten Fällen eine Antwort bekommen dahingehend, daß die Leute sagen würden, sie seien just in dem Berufe drinnen, der ihren Neigungen und Anlagen, wie sie sie selber empfunden haben, von Jugend auf entspricht. Ich glaube, Sie werden aus der Lebensbeobachtung heraus dies keineswegs glauben. Beruf ist schon heute in hohem Grade und wird immer mehr und mehr werden das, zu dem man berufen wird durch den objektiven Werdegang der Welt. Draußen ist, möchte ich sagen, der Organismus, der Zusammenhang – meinetwillen nennen Sie es auch die Maschine, auf das kommt es nicht an –, das, was den Menschen abfordert, was den Menschen ruft.

Gerade durch alles das, was immer mehr und mehr Steigerung erfahren wird, löst sich aber zu gleicher Zeit dasjenige, was die Menschheit durch die Berufstätigkeit vollbringt, von dem Menschen selber ab, wird objektiver.»[2]

Man gewinnt mehr und mehr den Eindruck, daß die Flucht vor dem Mutterberuf weniger ein persönliches als ein soziales Problem ist. Würde die Tätigkeit der Mutter als vollgültiger Beruf anerkannt, so wäre es viel leichter, sich positiv dazu zu stellen und sie als Teil der individuellen Entwicklung zu akzeptieren.

Es würde psychologisch ziemlich viel bedeuten, wenn Mutterarbeit auch finanziell vergütet würde, wenn es eine Art «Mutterschaftsgehalt» gäbe. Da unsere Welt leider nach dem Grundsatz funktioniert «Was nichts kostet, ist nichts wert», würde dies nicht nur größere finanzielle Beweglichkeit, sondern vor allem ein höheres Ansehen für die Hausfrau bedeuten.

Dies wäre allerdings kein Ideal, sondern ein Zugeständnis an die bestehenden Verhältnisse. Man müßte dabei deutlich im Bewußtsein haben, daß die Leistung, die eine Mutter erbringt, höchstens pauschal zu vergüten ist. Eine solche Tätigkeit entzieht sich der Berechenbarkeit, sowohl finanziell wie auch zeitlich, da es um Qualitäten geht, die quantitativ gar nicht faßbar sind. Die Motivation dazu, sich in einer Arbeit einzusetzen, muß immer aus dem Geistesleben genommen werden: Liebe zur Sache und zu den Menschen, Einsicht in die Notwendigkeit der Hilfeleistung usw.

Dies gilt im Grunde genommen für alle Berufe, besonders aber für die pflegerischen, und solange das nicht eingesehen wird, wird die Krisensituation, in der sich die Pflegeberufe befinden, sich nur immer mehr zuspitzen.

Nicht nur bezüglich der fehlenden Bezahlung unterscheidet sich der Mutterberuf von den öffentlichen Berufen. Hinzu kommt, daß man nicht kündigen kann, fest gebunden ist, keine geregelte Freizeit hat. Auch dies ist bei allen lebenpflegenden Tätigkeiten ähnlich. In einem Pflegeheim besteht ebenfalls eine menschliche Bindung an den Kranken, den Alten, das Kind, die durch eine Kündigung der Pflegeperson empfindlich getroffen werden. Um dies zu vermeiden, läßt man in den meisten Heimen das Pflegepersonal rotieren, eine äußerst fragwürdige Lösung.

Natürlich bringt die Zeiteinteilung oft Schwierigkeiten. Es muß geholfen werden, wenn Hilfe nötig ist, was einer geregelten Arbeitszeit zuwiderläuft.

Es gibt Jugendliche, die mit der Zeit von selbst darauf kommen, daß die zukünftige Entwicklung in eine andere Richtung gehen muß. Sie fragen dann weniger «Auf welchem Gebiet bin ich besonders begabt?», sondern «Wo werde ich gebraucht?» Sie fragen nach objektiven Weltnotwendigkeiten und entschließen sich in Freiheit dazu, sich im Sinne dieser Notwendigkeiten einzusetzen. Gerade hierin können sie am ehesten Befriedigung finden. Vielleicht werden sie dann Bauer oder Entwicklungshelfer und fragen dabei nicht primär nach Verdienst und Arbeitszeiten. Das heißt, sie tun genau das gleiche, was eine junge Frau tut, wenn sie Mutter wird und sich dazu entschließt, den neuen Zustand anzunehmen. Auch sie muß sich sagen: «Zwar ist Muttersein nicht eine Tätigkeit, in der ich besonders gut meine Begabungen ausleben kann, aber es ist eine Forderung des Lebens, vor der ich jetzt stehe und der ich genügen möchte. Ich wähle diesen Beruf für die Zeit, in der es nötig ist. Danach werde ich etwas anderes ergreifen.» Wir sehen, wie unter diesem Aspekt die Diskrepanz zwischen Muttersein und Beruf sich nahezu auflöst.

Es wäre gut, wenn dieses Ergreifen des Notwendigen mehr und mehr zum allgemeinen Lebensprinzip würde, was in keiner Weise der persönlichen Freiheit widerspricht.

Eine solche Einstellung zum Beruf wird es allerdings mit sich bringen, daß man sich nicht mehr so stark emotional in seine Tätigkeit wird einbringen können. Man wird sich selbst in einem gewissen Abstand von seiner Arbeit erleben. Dafür wird es von Bedeutung sein, zu erkennen, in welchen Zusammenhang mit der menschlichen und natürlichen Umwelt das, was man tut, eingegliedert ist. Hieraus kann sich ein Verantwortungsgefühl für die Weltzusammenhänge entwickeln, ohne das wir in Zukunft nicht mehr auskommen werden.

Der Konflikt zwischen Leben und Arbeit

> Denn irgendwo ist eine alte Feindschaft
> zwischen dem Leben und der großen Arbeit.
> Daß ich sie einseh und sie sage: hilf mir.
>
> *R. M. Rilke*

Unsere Veranlagungen werden immer komplizierter. Das schließt nicht aus, daß man für irgend etwas eine besondere Begabung haben kann. Eine Gabe ist eine Aufgabe. Ein Mensch, der, ohne seine individuellen Fähigkeiten und Veranlagungen zu beachten, nur im Dienst an der Außenwelt aufgehen wollte, müßte seelisch verkümmern. Die Samen, die in uns gelegt sind, wollen wachsen und zur Reife gebracht werden.

Das ist das, was Rilke die «große Arbeit» nennt und was in Konflikt geraten kann mit den unmittelbaren Forderungen des Lebens.

Hans Sachs war Schuhmacher und Poet dazu, ähnliches ist von Jacob Böhme zu sagen. Wir wissen nicht, wie diese Männer ihre beiden Tätigkeiten in Einklang miteinander brachten.

Hat man aber als Hausfrau das Bedürfnis nach geistiger oder künstlerischer Arbeit – nicht nur zur Erholung und Freizeitgestaltung –, so bemerkt man bald, daß es sich nicht nur um ein Zeitproblem handelt. Geistige Arbeit erfordert Konzentration, Ungestörtheit. Man muß sich in sein Zentrum zusammenziehen, um dann von innen nach außen den richtigen Ausdruck zu finden. Die Arbeit einer Mutter hat eine ganz andere Gebärde. Sie muß sich seelisch in den Umkreis hinaus ausbreiten, um alle Belange des ihr Anvertrauten zugleich im Bewußtsein zu haben. Dabei vergißt sie sich selbst und findet Befriedigung an den Freuden und Erfolgen der anderen. Dies ist keine kontemplative Gebärde. Das meint auch Anne Morrow Lindbergh, wenn sie in «Muscheln in meiner Hand» schreibt:

«Ich begreife allmählich, mit einem wehmütigen Lächeln, weshalb die Heiligen selten verheiratete Frauen waren. Ich bin überzeugt, daß das nicht, wie ich früher glaubte, mit der Unberührtheit oder den Kindern zusammenhängt. Es hängt vor allem mit der Zersplitterung zusammen. Mit dem Gebären, Aufziehen, Nähren und Erziehen von Kindern; dem Haushalt mit seinen tausend Anforderungen; den menschlichen Bindungen mit ihren unzähligen Belastungen – die üblichen Beschäftigungen einer Frau stehen für gewöhnlich im Gegensatz zum schöpferischen Leben, zum kontemplativen Leben oder zum Leben der Heiligen. Das Problem heißt nicht nur *Frau und Beruf, Frau und Familie, Frau und Unabhängigkeit.* Es geht viel tiefer: Wie bleibe ich inmitten der Zerstreuungen des Lebens gesammelt? Wie halte ich das Gleichgewicht trotz der Zentrifugalkraft, die mich aus meinem Mittelpunkt zu reißen versucht? Wie bleibe ich stark, den Stößen zum Trotz, die mich erschüttern und die Nabe meines Rades verletzen können?»

Konzentration auf sich selbst und Hingabe an andere schließen sich aus. Sie können nicht zugleich ausgeübt werden, so wenig, wie man zugleich ein- und ausatmen kann. Ein Zugleich ist unmöglich, aber die rhythmische Abwechslung von Ein- und Ausatmung ist ein heilsamer und lebenspendender Prozeß.

Übertragen wir dies auf die verschiedenen Arbeitsqualitäten, so stehen wir vor der Aufgabe, den angemessenen Rhythmus zu finden. Die Schwierigkeit dabei ist vor allem immer die Umstellung, die Richtungsänderung.

Dies war bisher hauptsächlich ein Problem der Männer und konnte von ihnen oft nicht geleistet werden. Gerade geistig tätige Männer haben es vielfach schwer, aus der Welt ihrer Arbeit wirklich in den Lebenskreis ihrer Familie zurückzukehren, so daß sie nicht nur körperlich, sondern mit vollem Bewußtsein anwesend sind. Das Phänomen des zerstreuten Professors ist hinlänglich belacht worden. Eine Mutter aber muß für ihre Kinder da sein, und zwar nicht nur halbherzig, sondern mit ganzer Seele.

Es gibt Frauen, die sehr rasch umstellen können, die, wenn sie eben noch Klavier gespielt haben, im Augenblick, wo sie sich mit ihren Kindern zu Tische setzen, vollkommen gegenwärtig haben, womit jedes einzelne gerade beschäftigt ist. Andere bringen es nicht fertig, sich so rasch von einer sie erfüllenden Tätigkeit zu lösen. Eine Kindergärtnerin berichtete von einem Kind, das ausgesprochene seelische Mangelerscheinungen aufwies. Seine Mutter war vormittags berufstätig, aber nur, solange das Kind im Kindergarten war. Dann holte sie es ab und verbrachte den Rest des Tages mit ihm. Offensichtlich war sie aber innerlich weiterhin mit ihrer Arbeit beschäftigt. Als sie diese aufgab, blühte das Kind auf.

Eine andere Frau war nicht berufstätig, fühlte sich aber durch diese Tatsache so eingeengt und von der Welt abgeschnitten, daß sie Beklemmungen und Minderwertigkeitsgefühle bekam. Auch dies wirkte sich auf die Kinder nachteilig aus. Als diese Mutter eine berufliche Arbeit übernahm, wurde sie fröhlicher, und es war eine Wohltat für die ganze Familie.

Ein weiteres Beispiel: Eine junge Frau mit drei Kindern engagierte sich in der Politik, weil sie etwas zur Anregung brauchte. Der Ehemann war vollkommen damit einverstanden und reduzierte sogar seine eigene Berufsarbeit, um sich mehr um die Kinder kümmern zu können. Die Frau hatte Erfolg, was eine Zunahme ihrer Aktivitäten bewirkte, daneben hatte sie aber durchaus den Ehrgeiz, auch eine gute Mutter zu sein. Beide Ehepartner mußten erleben, daß eine wirkliche «große Arbeit» immer die Tendenz hat, einen *ganz* zu beanspruchen. So ein *bißchen* Laufbahnverzicht geht fast nicht, es sei denn, die Arbeit wäre einem gleichgültig, stellte der Mann fest. Da beide Eltern oft für die Kinder da waren, hatte man nicht den Eindruck, daß diese Schaden nahmen. Wohl aber wurde das Verhältnis zwischen den Eheleuten immer angespannter, da sie praktisch keine Zeit mehr füreinander hatten. In den kurzen Zeiten des Zusammenseins mehrten sich die Reibungen, und schließlich kam es zur Scheidung. An dem Überhandnehmen der Arbeit zerbrachen die Lebenszusammenhänge.

Es gibt Frauen, die aus der Erkenntnis dieser Schwierigkeiten heraus von vornherein auf Mutterschaft verzichten, wenn sie in einer intensiven Berufsarbeit stehen. Ein Beispiel hierfür ist die Sängerin Kathleen Ferrier (1912–1953),[1] die sehr kinderlieb war und der daher diese Entscheidung keineswegs leichtfiel.

All diese Beispiele zeigen, wie schwierig es ist, Arbeit und Leben in das richtige Verhältnis zueinander zu bringen, weil sie sich widersprechen. Das Leben fordert soziales Verhalten, die Arbeit als «Selbstverwirklichung nach Männer Art» wirkt antisozial. Dies ist nicht im moralischen Sinne gemeint. Ohne das Antisoziale gäbe es keine Selbstfindung, weil man sich selbst nur erleben kann, indem man sich gegen anderes absetzt. Es geht auch nicht immer um dramatische Auseinandersetzungen. Auch das Bedürfnis des Dichters nach Einsamkeit ist antisozial.

Rainer Maria Rilke hat dieses Problem des Antisozialen, das mit seinem Dichtertum verbunden war, tief und schmerzlich empfunden. Seine Arbeit erforderte ein Leben der Aufmerksamkeit und Gesammeltheit, um die schöpferischen Momente nicht zu versäumen. Menschliche Verhältnisse aber brauchen Zeit, brauchen Pflege und Hingabe. Das stört das Gesammeltsein der Seele und zieht sie aus dem Zentrum hin zur Peripherie. Dieser Konflikt quälte ihn bereits während der kurzen

Zeit des Zusammenlebens mit seiner Frau, von der er sich zwar trennte, aber juristisch nie scheiden ließ. Er empfand die Verpflichtung ihr und seinem Töchterchen gegenüber mit voller Stärke, wechselte Briefe mit ihnen und unterstützte sie, seinen Möglichkeiten entsprechend, finanziell, aber ein dauerhaftes Zusammenleben war ihm nicht möglich. Er hatte auch später noch verschiedene Herzensfreundschaften, die nach gemeinsamem Leben drängten, aber immer wieder zog er sich heraus. Noch in seinen letzten Jahren im Wallis bedrückte ihn das Problem, daß er eigentlich zugunsten seiner Arbeit auf jeglichen menschlichen Umgang verzichten mußte.

«Jede ebenbürtige, auf Hilfe gestellte, menschliche oder freundschaftliche Beziehung müßte mir, so wie ich einmal bin, einen Grad von Umgang zumuten, der mir schon gleich wieder zu unabsehlichen Ausgaben des Gemüts verleitend wäre und zu einer Rivalität gegen die Arbeit führen würde, fast unvermeidlich. Vielleicht ist es nur in *diesen* Jahren, wo mir so viel Arbeit und Besinnung nachzuholen bleibt, so gefährlich für mich, aber mir wird immer deutlicher, wie ich, wahrhaftig, zwischen Umgang und Arbeit mich zu entscheiden habe, also ob ich tatsächlich nur noch *Eines* zu geben hätte, das entweder unmittelbar an den Nächsten sich mitteilt oder aber im Tresor der künstlerischen Gestaltung dauernder und gewissermaßen zu allgemeinerem Gebrauch aufbewahrt bleibt...

...jetzt aber spaltet es sich immer mehr zum Kreuzweg auseinander, als ob nur noch ein *Einziges* in mir wäre, das entweder so oder so, nach entschlossener Entscheidung, mitzuteilen bliebe, das sich aber nicht auf zweierlei Arten weitergeben läßt. Und obgleich es, von einem höchsten Ausblick aus, auch schon wieder gleichgültig sein möchte, ob einer sein Letztes und Wesentliches so oder so ausgebe: in einem unscheinbar weiterwirkenden Worte an einen Freund, oder, nachweisbarer und weiterhin sichtbar, in ein durch seine Verwandlung Überlebendes dauernd eingeformt: so drängt mich doch meine ganze Anlage und der Verlauf meines Lebens mehr nach dieser letzten Form der Aussprache und Weitergabe hin (gewiß nicht aus Eitelkeit!) und verpflichtet mich irgendwie zu ihr.»[2]

So wie eine Frau, die berufstätig sein möchte, es als Problem empfinden kann, daß sie in diesem Fall eine Haushälterin braucht, also eine andere Frau dafür entlohnen muß, wieder im Haushalt zu dienen, damit sie selbst sich in der Welt «verwirklichen» kann, so empfand auch Rilke es als fragwürdig, auf die Dienstleistungen von Personal angewiesen zu sein: «Hätt' ich die Kraft, mich besser zu isolieren, so würd' ich ja immer die Hilfe eines gleichgestellten, beistehenden Menschen jedem Dienstverhältnisse vorziehen (das doch immer eine zweideutige Sache ist in den heutigen Verhältnissen und gewissermaßen eine Ausrede: seit nämlich in den Menschen, durch soziale Aufklärung, der Instinkt und die Unschuld unterdrückt worden sind, daß ‹Dienen› eine ebenso blühende und fruchtende Lebensform sei, wie irgendeine andere Anwendung, wenn sie nur aus lebendigem Gemüt hervorgeht)».

Daß es nun praktisch immer der weibliche Mensch ist, der auf der Seite des Lebens dient, sich darin verausgabt und dadurch von der Möglichkeit «großer Arbeit» abgeschnitten wird, erschien ihm als quälendes Rätsel.

Das war es wohl, was in ihm das Ausmaß von Betroffenheit hervorrief, das er fühlte, als die hochbegabte junge Malerin Paula Modersohn-Becker im Wochenbett starb. Es erschien ihm ungerechtfertigt, daß all die Möglichkeiten, die sie als Künstlerin noch gehabt hätte, einem allgemeinen Frauenlos zum Opfer fielen. Dadurch wuchs für ihn dieser Tod über den Einzelfall hinaus zu einem symbolischen Geschehen.

Das Requiem, das er für sie schrieb, ist eine der tiefsten Darstellungen des Zwiespaltes der Frau zwischen Mutterschaft und Berufung:

Wie war dein Leben kurz, wenn du's vergleichst
mit jenen Stunden, da du saßest und
die vielen Kräfte deiner vielen Zukunft
schweigend herabbogst zu dem neuem Kindkeim,
der wieder Schicksal war. O wehe Arbeit.
O Arbeit über alle Kraft. Du tatest
sie Tag für Tag, du schlepptest dich zu ihr
und zogst den schönen Einschlag auf dem Webstuhl
und brauchtest alle deine Fäden anders.
Und endlich hattest du noch Mut zum Fest.
...
So starbst du, wie die Frauen früher starben,
altmodisch starbst du in dem warmen Hause
den Tod der Wöchnerinnen, welche wieder
sich schließen wollen und es nicht mehr können,
weil jenes Dunkel, das sie mitgebaren,
noch einmal wiederkommt und drängt und eintritt.

Er ruft nach einem Engel, der vor Gott die Klage hinausschreien soll.

Denn dieses Leiden dauert schon zu lang,
und keiner kann's: es ist zu schwer für uns,
das wirre Leiden von der falschen Liebe,
die, bauend auf Verjährung wie Gewohnheit,
ein Recht sich nennt und wuchert aus dem Unrecht.
Wo ist ein Mann, der Recht hat auf Besitz?

Für Rilke war es ein ganz konkretes Erlebnis, daß diese so unverhofft in einen .anderen Daseinsbereich abgerufene junge Frau nicht so tot sein konnte wie andere Tote, daß sie zurückkam und zu bitten schien. War es das Unvollendete ihres Lebens, das sie zurückzog? Doppelt unvollendet war es sowohl in der Liebe als auch in der Arbeit. Beide Wege hatte sie begonnen, den der Künstlerin und den der Mutter, als der Tod die beiden Anfänge abschnitt.

Eine noch größere Tragik kann man im Leben der Camille Claudel (1864–1943),[3] der Schwester des Dichters Paul Claudel, empfinden. Sie kam als junge hochbegabte Bildhauerin zu dem bereits auf der Höhe seiner Künstlerschaft stehenden Auguste Rodin, um bei ihm zu lernen. Das Verhältnis entwickelte sich zu einer sehr engen Arbeitsgemeinschaft. An etlichen von Rodins Werken (z. B. den «Bürgern von Calais») hatte sie wesentlichen Anteil. Dabei aber wurden ihre individuellen Fähigkeiten ganz von den seinigen dominiert und aufgesaugt.

Hinzu kam, daß mit und in der gemeinsamen Arbeit sich auch ein inniges Liebesverhältnis entwickelt hatte, für Camille *die* große Leidenschaft ihres Lebens, für Rodin eine unter anderen. Er konnte sich nicht dazu entscheiden, sich wegen Camille von seiner langjährigen Lebensgefährtin, die aufopfernd für ihn sorgte, zu trennen.

Camille hat das Kind, das sie erwartete, nicht ausgetragen. Sie trennte sich von Rodin und versuchte als Künstlerin ihre eigenen Wege zu gehen. Sie fand durchaus Anerkennung, aber innerlich gelang ihr die Trennung von Rodin nicht mehr. So blieben ihr sowohl der Weg des «Lebens» wie der der «großen Arbeit» verwehrt. Ihre Liebe und Hingabe wandelten sich in Neid und Eifersucht dem großen Meister gegenüber, in blinden Haß und schließlich in Wahnsinn, der sie dazu trieb, ihre eigenen Werke zu zertrümmern. Sie verbrachte die letzten dreißig Jahre ihres Lebens in einer psychiatrischen Anstalt.

> Keiner ist weiter. Jedem, der sein Blut
> hinaufhob in ein Werk, das lange wird,
> kann es geschehen, daß er's nicht mehr hochhält
> und daß es geht nach seiner Schwere, wertlos.
> Denn irgendwo ist eine alte Feindschaft
> zwischen dem Leben und der großen Arbeit.
> Daß ich sie einseh und sie sage: hilf mir.[4]

Lebensrhythmen

Ein alter Mann pflanzte kleine Apfelbäumchen.
Da lachten die Leute und sagten zu ihm:
«Warum pflanzt du diese Bäume?
Viele Jahre werden vergehen, bis sie Früchte tragen,
und du selbst wirst von diesen Bäumen keine Äpfel
mehr essen können.»
Da antwortete der Alte: «Ich selbst werde keine ernten.
Aber wenn nach vielen Jahren
andere die Äpfel von diesen Bäumen essen,
werden sie mir dankbar sein.»

Leo Tolstoi

Allen Lebensvorgängen liegen Rhythmen zugrunde. Ausdehnung und Zusammenziehung ist der Wachstumsrhythmus der Pflanze. Es gibt keine lebendige Entwicklung ohne diese Bewegungsgebärde. Die Lebensrhythmen sind eingebunden in zeitliche Gesetzmäßigkeiten und lassen sich nicht unbeschränkt beschleunigen, aber auch nicht verlangsamen.

Wenn Selbstverwirklichung Entwicklung bedeutet, so muß auch sie dieser Lebensgesetzmäßigkeit unterliegen. Man könnte sich denken, daß sie aus einem rhythmischen Schwingen zwischen zwei entgegengesetzten Strebensrichtungen besteht, die wie die Schaukel am Drehpunkt durch die Kraft der Persönlichkeit zusammengehalten werden. Die zwei Seelen in unserer Brust, die immer mehr auseinanderklaffen, könnten sich so als Ganzheit erleben. Gerade die Frau wird durch ihre Möglichkeit, Mutter zu werden, immer wieder darauf hingewiesen, daß es außer dem Strebenspol den Lebenspol gibt. Das kann sie vor Einseitigkeiten bewahren.

Lebenskunst ist es, den individuellen Rhythmus zu finden. Ein Rat, der von außen gegeben wird, muß immer unzutreffend sein. Jede Frau muß in bewußter Selbsterkenntnis und im

Abspüren ihrer Schicksalsgegebenheiten herausfinden, wie die eigenen Rhythmen sind. Liegt es in ihren Möglichkeiten, jeden Tag Arbeiten verschiedener Qualitäten abwechseln zu lassen? Kann sie sich ruhiger entfalten, wenn sie sich erst zehn bis zwanzig Jahre lang ganz dem häuslich-pädagogischen Berufe hingibt und erst später ihre mehr persönlichen Fähigkeiten in entsprechenden Tätigkeiten auslebt?

Wenn man allerdings sehr lange Zeit in die gleiche Richtung schwingt, ist es wichtig, *kleine* Rhythmen einzuschalten. Größere und kleinere Lebensrhythmen können sich überlagern. Hat man über viele Jahre hin die gleiche Arbeit, so braucht man manchmal Distanz von ihr. Das gilt auch für Mütter. Auch sie sollten die Möglichkeit haben, gelegentlich eine andere Arbeit zu tun, ohne Kinder zu verreisen, eine Tagung zu besuchen. Der seelische Abstand erzeugt Kraft und vielleicht auch neue Erkenntnisse und Ideen, was man anders machen könnte.

Es gibt noch viele andere Lebensrhythmen. Haben Mann und Frau den gleichen Beruf, so kann das «Job-sharing» zu einem schönen Erlebnis werden, wenn man Hand in Hand arbeitet und sich gegenseitig ergänzt. Andere wieder finden es befriedigender, wenn die Berufsarbeit der beiden Partner ganz verschieden ist, so daß jeder außer der gemeinsamen noch eine Welt für sich hat. Zu erfahren, wie andere es gemacht haben, ist immer aufschlußreich und gibt neue Gesichtspunkte. Aber nachmachen kann man es nicht.

Eine Mutter, die erst ein langes Studium und einige Jahre berufliche Tätigkeit hinter sich gebracht hatte, ehe das erste Kindchen kam, ist der Ansicht, daß diese Lebenseinteilung die beste sei, weil man dann seine beruflichen Ambitionen schon in einem gewissen Grade ausgelebt hat und nun mit Ruhe und Freude sich seinem Kind widmen kann. Die gleiche Ansicht vertritt Susanna Kubelka in «Endlich über vierzig», in dem sie sehr temperamentvoll beschreibt, wie ältere Mütter nicht nur länger jung bleiben, sondern auch bewußter, reifer, weniger ängstlich, geduldiger, weniger aufgeregt sind, kurzum viel geeigneter zur Erziehung von Kindern als jüngere Frauen. Eine andere Mutter wiederum meint, daß es ein Glück für sie war, jung ihre Kinder bekommen zu haben, noch ehe sie berufliche Selbständigkeit «geschmeckt» hatte. Sie hätte sich dadurch mit sehr großer Selbstverständlichkeit in ihre mütterlichen Verpflichtungen gefügt, wäre weniger umständlich und ängstlich gewesen als ältere Mütter mit ersten Kindern und hätte zusätzliche Bedürfnisse erst verspürt, als die Kinder bereits «aus dem Gröbsten heraus» waren.

Eine andere Nuance dieser Version ist die junge Frau, die Schwierigkeiten mit der Berufswahl hatte und feststellte, daß sie überhaupt erst mit ihren Kindern einen Sinn in ihrem Leben finden konnte. Während der Zeit, in der diese heranwuchsen und nichts und niemand sie dazu drängte, sich für einen Beruf zu entscheiden, entdeckte sie erst ihre individuellen Möglichkeiten und Befähigungen.

Man kann sein Leben nicht nach theoretischen Grundsätzen organisieren, obwohl man immer wieder solche zu hören bekommt, z. B.: Junge Mütter haben mehr Kraft und Gesundheit, ältere haben mehr Reife und Lebenserfahrung usw. Zwar läßt sich manches planen, aber nur wenige Pläne lassen sich durchführen, weil das Leben einen Strich durch die Rechnung macht.

Wann man Kinder bekommt, hängt doch wesentlich davon ab, in welchem Alter man die schicksalhafte Begegnung mit einem Mann hat, von dem man welche haben möchte. Es hängt auch ab von dem Kind, das zu einer bestimmten Zeit geboren werden möchte, die wir erspüren können, wenn wir diesen Lebensbereich nicht mit unserem Verstand überdekken.[1] Wir tun gut, das Muttersein als etwas anzusehen, das man nicht beliebig zu irgendeiner Zeit «erledigen» kann, weil es etwas ist, was nicht uns allein angeht.

Es seien nun einige Beispiele gebracht für individuelle Schicksalswege, in denen Leben und Arbeit in Einklang gebracht wurden. Das eine ist das Leben von Käthe Kruse (1883–1968),[2] die durch ihre Puppen berühmt geworden ist. Sie war als Schauspielerin ausgebildet und versuchte sich gerade in ersten Rollen in Berlin, als sie, achtzehnjährig, den erheblich älteren Bildhauer Max Kruse kennenlernte. Mit 19 hatte sie ihr erstes Kind, das zweite folgte bald. Max Kruse entschied, daß es ein Verbrechen sei, in einer Großstadt wie Berlin Kinder erziehen zu wollen. Deshalb mieteten sie in Ascona in der Schweiz einen alten Turm – ein Vogeltürmchen aus der Zeit, in der der Vogelfang noch im großen betrieben wurde. Hier, außerhalb des Ortes, hauste nun die junge Frau mit den Kindern allein, genoß ihre Kinder und genoß die Natur. Von Zeit zu Zeit kam der Vater aus Berlin zu Besuch. Als das älteste Kind sich eine Puppe wünschte, lief er in Berlin von einem Spielzeugladen in den andern und schrieb dann seiner jungen Frau, sie müsse wohl selbst eine Puppe machen, die in den Läden seien alle häßlich. Das war der Anfang ihrer Karriere als Puppenmacherin. Aber zunächst gab es nur Puppen für die eigenen Kinder. Und Kinder gab es immer mehr, bis es sieben waren. Geheiratet wurde erst, als schon drei Kinder geboren waren. Allmählich bekam Max Kruse dann doch noch Lust auf Familienleben. Frau und Kinder zogen nun in ein Haus am Rande von Berlin. Käthe Kruse hatte einmal einige ihrer Puppen auf eine Ausstellung «Spielzeug aus eigener Hand» gegeben. Das schlug sehr ein. Nun kamen Bestellungen, und langsam wuchs die Produktion.

Nach dem ersten Weltkrieg zur Zeit der Inflation verlor Max Kruse sein Vermögen. Was bisher immer noch mehr spielerisch im kleinen Stil gepflegt worden war, das Puppenmachen, wurde nun zum sehr ernsthaft zu betreibenden Geschäft, mit dem die Familie über Wasser gehalten werden mußte. Käthe Kruse war damals 37 Jahre alt und brachte in der gleichen Zeit ihr siebtes Kind zur Welt. Die ältesten Töchter aber waren inzwischen herangewachsen und eine große Hilfe.

In diesem Fall ist die Berufsarbeit unmittelbar aus dem Leben herausgewachsen. Niemals hätte man es in dieser Weise planen können.

Ein anderes Beispiel ist die Pianistin Clara Schumann (1819–1896),[3] die, von ihrem Vater aufs strengste geschult, schon mit neun Jahren in Konzerten spielte. Ihrer Ehe mit Robert Schumann widersetzte der Vater sich aufs heftigste. Ihm schien in diesem Fall der Beruf den Vorrang zu haben. Vier Jahre lang kämpften die jungen Menschen, auch gerichtlich, um ihre Liebe, bis sie schließlich 1840 die Ehe schließen konnten. Clara war damals 21 Jahre alt. Sie lebte dann 14 Jahre lang mit ihrem Mann in der fruchtbarsten Schaffensgemeinschaft. In dieser Zeit gebar sie aber auch acht Kinder. Das jüngste wurde im gleichen Jahr geboren, in dem Robert Schumann wegen seiner unheilbaren Gemütskrankheit in eine psychiatrische Klinik eingeliefert wurde. Wenige Monate danach trat die Notwendigkeit des Erwerbs an sie heran, sie mußte nun ein Wanderleben führen und viele Konzerte geben. Robert Schumann starb zwei Jahre später. Sie war 37 Jahre alt, als sie Witwe wurde.

Ihr Leben richtete sie so ein, daß die ältesten Kinder in Pension kamen, ein jüngeres Mädchen zur Großmutter und nur die beiden Kleinsten blieben zu Hause unter der Obhut einer Vertrauensperson. Später, als die ältesten Töchter herangewachsen waren, sorgten diese für die kleinen Geschwister.

Sobald die Mutter es finanziell ermöglichen konnte, kaufte sie ein kleines Haus in ländlicher Umgebung, und hier versammelte sie jeden Sommer die gesamte Kinderschar um sich. In der Zwischenzeit pflegte sie mit jedem einzelnen Kind einen Briefwechsel. So brachte sie es trotz der so schwierigen Verhältnisse fertig, den Kindern Heimat und Familienleben zu bieten, auf das diese als Erwachsene mit Beglückung zurückschauten.

Die beiden Frauen, deren Schicksale hier kurz umrissen wurden, waren solche, die voll und ganz ja sagten zu ihrem Leben als Frau und Mutter, obwohl sie andere Fähigkeiten hatten, die beruflich auszuüben sie in einem gewissen Lebensalter sogar gezwungen waren. Sie sind beide jung Mutter geworden, und erst Ende der dreißiger Jahre trat der Beruf ganz in den Vordergrund des Lebens.

Eine der ersten Frauen, die aufzubegehren begannen gegen das «Frauenlos», ist Harriet Taylor (1809–1858), die Freundin und spätere Frau von John Stuart Mill, der sich im vorigen Jahrhundert als Philosoph, Politiker und Schriftsteller in England einen Namen machte. Bereits 18jährig war sie von ihrem harten und tyrannischen Vater verheiratet worden und hatte mit 22 Jahren schon drei Kinder. Intelligent und rebellisch wie sie war, scharte sich um sie ein Freundeskreis von begabten jungen Menschen, insbesondere von Frauen. In diesem Kreise lernte John Stuart Mill sie kennen und erkannte sofort ihre überragenden Fähigkeiten. «Ihre Beredsamkeit hätte sie sicher zu einer großen Rednerin gemacht, und ihre profunden Kenntnisse der menschlichen Natur, ihr Scharfsinn und ihre Klugheit im praktischen Leben hätten sie hervorragen lassen unter den Regierenden der Menschheit, in Zeiten, da für Frauen eine solche Karriere offengestanden hätte»,[4] so schrieb er später über sie. Sie empfand sehr stark die unwürdige Situation der Frauen: «In dem gegenwärtigen System von Gewohnheiten und Meinungen treten Mädchen ein in das, was ein Vertrag genannt wird, vollkommen unwissend, welches die Bedingungen sind, und daß sie unwissend sind, wird als unerläßlich wichtig für ihre Eignung betrachtet.»

Zwanzig Jahre lang war sie John Stuart Mill in enger Freundschaft verbunden und hatte einen großen Anteil an der Entstehung seiner Bücher.[5] Da ihr Ehemann aber diese Seelenfreundschaft tolerierte, respektierte sie auch ihre eheliche Gebundenheit an ihn. Erst nach seinem Tode waren ihr noch sieben Jahre der Lebensgemeinsamkeit mit dem Freunde vergönnt, ehe sie, erst 49jährig, an einer Lungenentzündung starb.

Wir haben hier einen sehr ungewöhnlichen Lebensrhythmus. Clara Schumann teilte mit dem geliebten Mann Leben und Arbeit. Harriet Taylors Leben erforderte ein hohes Maß von Disziplin: Sie teilte ihr Leben mit einem Menschen, den sie zwar achtete, aber nicht liebte, und die Arbeit mit einem, den sie liebte, was sie zwang, diese Liebe zwanzig Jahre lang zu verinnerlichen und zu vergeistigen, ehe für das Ende ihres Lebens doch noch die beiden Ströme des geistigen und sinnlichen Lebens zusammenfließen durften. Sie war damals schon über vierzig.

In allen geschilderten Fällen brachte das Leben um das vierzigste Jahr herum einen Neuanfang und eine Periode besonders intensiver und ganz ausfüllender Schaffenskraft. Es scheint dies eine Lebensgesetzmäßigkeit zu sein, daß in der Mitte des Lebens, wenn der absteigende Teil beginnt, nochmals ein neuer Griff getan werden muß, und daß dann, besonders bei Frauen, die Fähigkeiten in sich haben, die sie bisher noch nicht ausleben konnten, Erhebliches geleistet werden kann. In einem Alter, in dem bei Männern bereits eine gewisse Berufsmüdigkeit eintritt, haben Frauen oft noch große Kraftreserven.

Dies wiederum kann, wenn sich kein passendes Wirkungsfeld findet, in ernste Lebenskrisen führen. Es ist für ältere Frauen oft nicht leicht, in einen Beruf hineinzukommen, ob es sich nun um ein Wiederaufgreifen oder einen Neuanfang handelt. Hier zeigt sich wieder, wie starr und unflexibel unsere Gesellschaftsformen sind, sonst würde das sich anbietende Potential besser genutzt. Bei genügender Aufmerksamkeit finden sich aber doch oft Gelegenheiten, die ergriffen werden können.

Auch Männer brauchen eigentlich in diesem Alter das Erfrischende eines neuen Anfangs. Es muß dies keineswegs ein Berufswechsel sein. Auf jeden Fall ist eine Selbstbesinnung fällig. Vielleicht kommt man dann darauf, seine Arbeit auf ganz neue Art anzupacken oder sich zusätzliche geistige oder künstlerische Tätigkeiten zu suchen, in denen man auf neue Art schöpferisch werden kann. Die innere Notwendigkeit eines neuen Impulses für die zweite Lebenshälfte wird oft nur dumpf gefühlt. Man projiziert dann gern sein inneres Problem nach außen, z. B. auf die Ehefrau. Man glaubt, eine neue Frau könne einen der Mühe entheben, einen neuen Anfang zu machen.

Für die so plötzlich abgeschobene Ehefrau kann dies ein schwerer Schock sein. Auf einmal steht sie allein und gerät auch oft in wirtschaftliche Schwierigkeiten. Diejenigen aber, die nicht in Verbitterung geraten, ergreifen manchmal in bewundernswerter Art die neue Situation und machen etwas daraus. Sie setzen sich neue Ziele und bringen Fähigkeiten in einer Weise zur Entfaltung, wie sie es aus den gewohnten Gleisen heraus vielleicht nicht fertiggebracht hätten. Eine Notlage kann manchmal zur Chance werden.

Ich denke hier z. B. an einen Fall, wo eine Frau nach ihrer Scheidung mit über 40 Jahren ihr Medizinstudium wieder aufgriff, das sie wegen ihrer Eheschließung abgebrochen hatte. Sie führte es ganz durch und wurde Ärztin an einer Klinik.

Der Zwang, etwas ergreifen zu müssen, kann einen Prozeß auslösen oder beschleunigen, zu dem man sonst nicht den Mut gefunden hätte. Man hat ja ein gewisses Beharrungsbedürfnis und schreckt vor Änderungen zurück. Das Beharren auf der Mutterschaft als Beruf hat aber sehr negative Folgen. Zuviel Mütterlichkeit kann die Umgebung unfrei machen und infantilisieren. Oder die Umgebung gewöhnt sich daran, und die Mütterlichkeit wird mißbraucht und ausgebeutet.

Etwas Mut braucht es schon, die Geborgenheit der Häuslichkeit zu verlassen und sich Situationen auszusetzen, die von Männern üblicherweise so um das dreißigste Jahr herum durchlaufen werden. Anfängliche Versuche in Dingen, in denen man noch keine Übung hat, sind oft nicht gleich Glanzleistungen. Die möglichen Mißerfolge aber, die man bei einem jungen Mann toleriert in der Hoffnung, daß er es schon noch lernen wird, werden einer älteren Frau nicht nachgesehen. Wenn sie nicht gleich mit Erfolgen aufwartet, ist sie nicht mehr gefragt. Da kann leicht der Wille, sich zu exponieren, zurückgeschlagen werden.

Andererseits hat man – sofern die Berufsarbeit des Mannes fortdauert – eine viel größere Freiheit in der Lebensgestaltung als junge Männer, die aus existentiellen Gründen den Erfolg brauchen. Eine verheiratete Frau kann es sich leisten, Teilzeitarbeiten zu machen, Arbeiten abzubrechen, die nicht befriedigen, oder Tätigkeiten ehrenamtlich zu übernehmen.

Es gibt drei Grundsätze[6], an denen das Leben der Frau sich in besonderem Maße orientieren kann. Je mehr sie diese verwirklichen und in der Männerwelt zur Geltung bringen kann, desto heilsamer wird es für die Menschheit sein.

Der erste ist: *Warten können.* Die Neigung, ständig Zeiten raffen zu wollen, Dinge vorwegzunehmen, Entwicklungen zu forcieren, hat schon viel Unheil angerichtet. Auch Selbstverwirklichung ist eine Sache der Zeit und muß nicht gewaltsam vorangetrieben werden.

Der zweite ist: *Der Erfolg ist kein Maßstab.* Unaufhörlich wird in unserer Zeit der Erfolgsmensch propagiert. Natürlich wünscht man sich keine Mißerfolge. Tatsache ist aber, daß die größten und bedeutendsten Menschen der Vergangenheit meist in äußerer Hinsicht sehr wenig Erfolge aufzuweisen hatten. Van Gogh hat kein einziges seiner Bilder verkaufen können. Beschäftigt man sich mit derartigen Biographien, so wird immer deutlicher, daß der wahre menschliche Wert mit anderem Maßstab gemessen wird.

Und letztlich: *Glauben können.* Die Überzeugung, daß das, was das Schicksal uns bringt, das richtige für uns ist, kann eine gewaltige Lebenskraft geben. Was veranlagt im Menschen ist, wird auch die Möglichkeit finden, sich zu äußern, und wenn Verzichte geleistet werden müssen, so können auch sie sich in Gewinn verwandeln. Gerade dieser Gedanke kann einer Frau, die nach einem neuen Lebensansatz sucht, eine große Hilfe sein.

Diese Prinzipien enthalten genau das Gegenteil von dem, was in unserer Zeit meist angestrebt wird. Sie können vielleicht gerade deshalb Kraftspender sein und uns helfen, in Geduld abzuwarten, was das Leben mit uns vorhat.

Abbauen sollte man auf jeden Fall die Ansicht, daß Schaffenskraft von Jugendlichkeit abhängig ist. Das mag in früheren Zeiten so gewesen sein, als schöpferische Arbeit vor allem aus Naturkräften hervorging. Die Fähigkeiten des Alters sind andere, aber nicht weniger wertvoll wie die Fähigkeiten der Jugend. Conrad Ferdinand Meyer (1825–1898) schrieb praktisch sein gesamtes Werk nach seinem 45. Lebensjahr. Paul Cézanne (1838–1906) und Ernst Barlach (1870–1938) verbrachten zwei Jahrzehnte als mit wenig Erfolg Suchende in ihrer Kunst, ehe um das 40. Lebensjahr herum ein Durchbruch kam, eine ungeheure Prüfung im Warten- und Glaubenkönnen. Henri Matisse (1869–1954) tat noch im Alter von über achtzig Jahren entscheidende künstlerische Entwicklungsschritte.[7] Die Beispiele ließen sich vermehren. Wohlgemerkt: es geht hier nicht um Menschen, die im Alter «immer noch» produktiv waren, sondern um solche, die speziell aus der Alterskraft heraus produktiv wurden. Das rückt die Tatsache, daß viele Frauen die Zeit zwischen ihrem 20. und 40. Jahr vorwiegend mit der Versorgung von Kindern und Familie zu verbringen haben, in eine ganz andere Perspektive, als sie üblicherweise gesehen wird.

Wir führten aus, daß in der Jugend das Leitmotiv bei der Wahl eines Arbeitsfeldes der sein sollte: Wo werde ich gebraucht? Wo kann gerade ich der Welt etwas geben? In diesem Fall schaut man in die Welt hinaus, um sich selbst zu finden.

Im Alter hingegen gewinnt die umgekehrte Gebärde immer mehr an Bedeutung. Die persönlichen Ehrgeize lassen natürlicherweise mit der Zeit nach, wenn man sie nicht besonders aufstachelt. Das berechtigt dann dazu, den Blick auf sich selbst zu lenken und zu prüfen, welche Fähigkeiten man durch seine Lebensarbeit entwickelt hat. Man darf sich fragen: Wie kann ich diese meine Individualität noch deutlicher «verwirklichen» und abrunden? Man wird dann mit immer größerer Dankbarkeit feststellen, daß man ohne seine Mitwelt niemals seine eigene Identität hätte finden können. Indem man auf sich selbst schaut, findet und erkennt man die Welt.

Willst du das eigene Wesen erkennen,
sieh dich in der Welt nach allen Seiten um.
Willst du die Welt wahrhaft durchschauen,
blick in die Tiefen der eigenen Seele.

Rudolf Steiner

Die Brücke der grünen Schlange

Das Preisgegebne wird uns tief zu eigen.
Was wir mit Händen greifen, gleitet fort.
Albrecht Haushofer

Sollten wir es einmal erreichen, daß im sozialen Leben wirklich alle Menschen, männlich oder weiblich, gleichberechtigt nebeneinander stehen, so ist damit verbunden, daß jedem einzelnen zwei Arten von Arbeit aufgetragen sind: Einerseits dem, was in seinem Inneren lebt, äußere Gestalt zu geben und sich damit selbst zu verwirklichen, andererseits aber, in Dienstleistungen hilfreich für seine Mitmenschen zu wirken. Wenn es auch noch lange so sein wird, daß gewisse Menschen das Schwergewicht ihrer Tätigkeit mehr auf dieser, andere mehr auf jener Seite haben, so geht es doch nicht länger an, grundsätzlich die schöpferischen und die dienenden Arbeitsqualitäten auf verschiedene Menschen zu verteilen.

Die Werke, durch die ein Mensch seine Persönlichkeit in der Welt sichtbar macht, sind wie Pflanzen, die sich voll ausgestaltet haben. Sie sind ganz Bild, ganz Erscheinung geworden. Aber so wie die Pflanze in ihrer Erscheinung ein Bild ihrer Entwicklung ist, also auf Vergangenes hinweist, so weisen auch die vom Menschen hervorgebrachten Werke in die Vergangenheit. Mit ihnen wird etwas abgeschlossen.

Bei jedem «Werkeschaffen» findet eine solche in alter Zeit, vielleicht in früheren Leben veranlagte Fähigkeit ihren Abschluß, ihr Ende.

Die andere Art der Arbeit, das dienende und pflegende Tun

zum Nutzen anderer, hat dagegen eine Gebärde, die sich zur Zukunft hin öffnet. Dabei spielt es keine Rolle, ob die Arbeit etwas für mich bringt, ob ich Freude daran habe, ob ich etwas dafür bekomme, ob ich mich in ihr ausleben kann und dabei Anerkennung finde. Das Individuelle tritt bei diesen Arbeiten zurück. Jeden Tag Geschirr spülen, das gleich wieder gebraucht wird, Böden putzen, die gleich wieder schmutzig werden, Kinder ins Bett bringen, jeden Abend aufs neue, Kranke pflegen, die vielleicht doch nicht gesund werden – all dies sind solche Tätigkeiten, die substanzbildend im Weltganzen wirken. Sie sind jahrhundertelang vorwiegend von Frauen geduldig verrichtet worden. In ihnen wird Willenskraft unegoistisch der Welt zur Verfügung gestellt. Hierhin gehören aber auch viele Verrichtungen im handwerklichen oder technischen Bereich, sogar die Fließbandarbeit, alles, was nicht durch sein Ergebnis Befriedigung hervorruft, was sich so von der Persönlichkeit loslöst, daß man sich darin nicht unmittelbar selbst erleben kann.

Diese Arbeiten sind wie Samenkörner, die erst in der Zukunft zum Wachsen und Reifen kommen werden. Indem sie mit Ausdauer und Gewissenhaftigkeit wieder und wieder getan werden, erzeugen sie eine Willensreife, die man sehr wohl bei älteren Müttern vieler Kinder oder bei Handwerkern spüren, aber schlecht mit Worten beschreiben kann. In allen Klöstern waren den Brüdern und Schwestern neben ihrer inneren Arbeit solche unbedeutenden äußeren Verrichtungen aufgetragen.

Die Tatsache, daß Jakob Böhme mystische Bücher schrieb – so führt Rudolf Steiner in seinen Vorträgen über das «Karma des Berufes» aus –, hatte ihre Ursache in ferner Vergangenheit, brachte etwas zum Abschluß. Daß er aber Schuhe machte für seine Mitmenschen, war Keim für etwas, was erst in weiter Zukunft, in künftigen Erdenleben, Wirkungen haben wird. «Darinnen liegt etwas gar Merkwürdiges. Denn darinnen liegt angedeutet, wie dasjenige, was man auf der Erde oftmals so wenig schätzt, nur deshalb so wenig geschätzt wird, weil es der Ausgangspunkt ist zu etwas, was man erst schätzen wird in der Zukunft. Die Menschen sind selbstverständlich ihrem inneren Wesen nach viel mehr mit der Vergangenheit zusammengewachsen. Daher haben sie oftmals das, was ein Anfang ist, viel weniger lieb, als was ihnen aus der Vergangenheit herüberkommt.»

Wir haben mehr Bewußtsein in bezug auf das Vergangene, sehr wenig für das Zukünftige, ja man kann sagen, in allem, was die Zukunft angeht, schläft der Mensch. «Und so lebt der Mensch wirklich in tiefem Schlafbewußtsein mit Bezug auf all dasjenige, in das er sich hineinstellt, wenn er sich in irgendeinen Beruf hineinstellt, denn durch diesen Beruf schafft er gerade – nicht durch das, was ihn freut am Berufe, sondern durch das, was sich entwickelt, ohne daß er darauf eingehen kann – die Zukunftwerte.» So ist es zu verstehen, daß die Einschätzungen der Menschen oftmals nicht die richtigen sind, denn: «Höchste Leistungen sind ein Ende, die unbedeutendste Arbeit ist immer ein Anfang.»[1]

Wenn man sich mit den europäischen Märchen beschäftigt und die Botschaft enträtseln möchte, die darin auch für den Menschen der Gegenwart noch liegt, so fällt auf, welch zentrale Gestalt der Dummling, der Aschenhocker oder das arme, fleißige Mädchen, das Aschenputtel ist. Dies wird von vielen Menschen nur mit Unwillen zur Kenntnis genommen. Gerade wegen der Aschenputtelgestalt sind die Märchen in feministischen Kreisen in Verruf geraten, weil man den Versuch wittert, dem weiblichen Menschen von klein auf ein bestimmtes Rollenverhalten zu suggerieren. In Amerika wurde der Ausdruck «Cinderella-Komplex» geprägt, um die Frauen damit zu brandmarken, die nicht von der dienenden Unterwürfigkeit loskommen können.

Es deutet dies auf ein Problem, das manche Frauen haben

mögen, zeugt aber von mangelnder Märchenkenntnis, denn es gibt genügend Märchen – ganz besonders in Rußland und Skandinavien –, wo gerade der Mann in der Asche hockt und niedere Dienste tun muß.

Aschenputtel ist eine Gestalt, die sich vor allem dadurch von ihren Schwestern unterscheidet, daß sie Sinn für das Keimende und Wachsende hat. Sie wünscht sich von ihrem Vater keine Schätze, nicht Schmuck oder Kleider (kein höheres Gehalt, keine Erfolgserlebnisse), sondern ein schlichtes Haselreis, das sie pflanzt und in täglicher Fürsorge im Wachstum begleitet. So wächst es zu einem Baum heran. «Aschenputtel ging alle Tage dreimal darunter, weinte und betete, und allemal kam ein weißes Vögelein auf den Baum, und wenn es einen Wunsch aussprach, so warf ihm das Vögelein herab, was es gewünscht hatte.» [2] So also, in einem tätig pflegenden, aber auch geduldig abwartenden, kontemplativen Leben wird das Verhältnis zu den «weißen Vöglein», den Täubchen, aufgebaut. Wir dürfen in diesen eine Seelenfähigkeit sehen, die Aschenputtel entwikkelt hat und später anwendet, um gute von schlechten Samen zu unterscheiden, diejenigen, die keimen werden, von denen zu sondern, die nicht mehr keimfähig sind. Sie bereitet die Zukunft vor, daher wirkt sie so unscheinbar, und ihre Schwestern haben sie gar nicht lieb. Wir können an ihr deutlich sehen «wie dasjenige, was man auf der Erde oftmals so wenig schätzt, nur deshalb so wenig geschätzt wird, weil es der Ausgangspunkt ist zu etwas, was man erst schätzen wird in der Zukunft».

Aschenputtel weiß auch, daß es gilt, das Gleichgewicht zu finden zwischen zwei gegensätzlichen Seinsbereichen. Sie bringt es fertig, auf dem Höhepunkt des «Erfolgs» Schluß zu machen und zurückzukehren in die Asche. Sie versteht meisterhaft das Schaukelprinzip, die Beherrschung der Lebensrhythmen. Und das ist offenbar die Vorbedingung dazu, daß sie schließlich zur Königswürde aufsteigt.

Aschenputtel repräsentiert urbildlich die eine Seite des weiblichen Wesens. Es gibt aber noch eine andere, polar entgegengesetzte. Das ist die «Prinzessin auf dem Glasberg», die «Königstochter vom goldenen Dach», die «Königstochter vom Schloß der goldenen Sonne», die «Schönste der Schönen» oder wie sie sonst noch heißen mag.[3] Es handelt sich um eine weibliche Gestalt, die sich von vornherein durch ihre besondere, sonnengleich erstrahlende Schönheit auszeichnet. Ihr Ruf geht durch die ganze Welt, und immer wieder machen sich Königssöhne auf, um sie zu gewinnen. Aber so erdnah Aschenputtel ist, so erdfern sind diese Wesen. Sie leben in einem weit entfernten, unzugänglichen Reiche, auf einer Insel im Weltmeer oder eben auf dem «Glasberg». Andere Berge mögen schwer zu ersteigen sein, bei einem Glasberg ist es eigentlich unmöglich.

Diese Königstöchter müssen warten, bis sie erobert werden, sie selbst können nicht viel dazu beitragen. Sie sind sozusagen ganz Bild, im Bild erscheinende strahlende Geistigkeit fern von jeder Willensqualität. Daher ihre merkwürdige Passivität. Sie sind unberührbar, aber begehrenswert, die jungfräuliche Kraft der Weisheit.

Diese zwei Urbilder des Weiblichen sind in jeder Frau vorhanden, man kann sie als Frau in sich selber spüren. Das eben beschriebene Weisheitswesen findet sich dort als ein Gefühl, längst zu wissen, worum die Männer sich so außerordentlich bemühen. Aber dieses Wissen läßt sich oft schwer greifen. Will man es halten, so gleitet man ab wie auf dem Glasberg. Es schwebt über der Erde und bewirkt, daß die Frau im allgemeinen dem Spirituellen näher ist als der Mann. Auf der anderen Seite aber ist sie oft lebenspraktischer. Durch ihre Aschenputtelseite bleibt sie dichter an den Dingen und verliert nicht so leicht den gesunden Menschenverstand.

Unter diesem Aspekt ist es sehr aufschlußreich zu lesen, wie die im vorigen Kapitel erwähnte Harriet Taylor von dem mit ihr befreundeten John Stuart Mill in seiner Autobiographie charakterisiert wird. Er schreibt: «In den höchsten Regionen der Spekulation so gut wie in den kleineren praktischen Angelegenheiten des täglichen Lebens war ihr Geist das gleiche vollkommene Werkzeug, das bis in das Herz und Mark des Stoffes eindrang und stets die wesentliche Idee oder das Prinzip erfaßte.»

Das, was sie zu seinen Schriften beitrug, beschreibt er folgendermaßen: «Die abstrakten und rein wissenschaftlichen Partien fielen mir zu; das humane Element aber rührte von ihr her. In allem, was mit der Anwendung der Philosophie auf die Bedürfnisse der menschlichen Gesellschaft und des Fortschritts zusammenhing, war ich ihr Schüler, ebenso in der kühnen Spekulation und in der Behutsamkeit des praktischen Urteils. Sie war viel mutiger und weitsichtiger, als ich ohne sie gewesen wäre, in den Vorgefühlen einer künftigen Ordnung der Dinge; allein während sie in der Spekulation über menschliche Angelegenheiten meinen Mut spornte, wußte sie zugleich durch ihre praktische Geistesrichtung und ihre fast nie irrende Beurteilung der praktischen Hindernisse zu verhüten, daß ich in das Übermaß des Träumers verfiel. Ihr Geist gab allen Ideen eine konkrete Gestalt und bildete sich eine Vorstellung davon, wie sie in der Tat wirken würden; auch besaß sie eine so sichere Menschenkenntnis, daß ihr in einem unpraktischen Gedanken selten der schwache Punkt entging.»

In dieser Charakteristik stellen sich in sehr treffender Weise die Möglichkeiten und Qualitäten spezifisch weiblichen Denkens dar. Wenn Margarete Mitscherlich argumentiert: «Die Zukunft ist weiblich, oder es gibt sie nicht»,[4] so kann damit nicht gemeint sein, daß möglichst viele Frauen in leitende Positionen gelangen sollen. Wenn sie dabei die heute übliche männliche Denkart beibehalten, bringt uns das nicht weiter. Dafür gibt es Beispiele. Es geht vielmehr darum, daß weibliches Denken, weibliche Spiritualität mehr und mehr unsere

Kultur durchdringen muß, weil man sonst bald nicht mehr von Kultur wird sprechen können.

Das wird von vielen gespürt, und aus diesem Gefühl heraus ist in jüngster Zeit in Amerika und auch in Europa die «spirituelle Frauenbewegung» [5] entstanden. Leider ist man sich nur nicht ganz klar darüber, was «weibliche Spiritualität» eigentlich ist. Mir scheint, man macht es sich zu leicht, wenn man glaubt, in Anknüpfung an östliche Praktiken die alten naturhaften weiblichen Heil- und Kraftzentren wiederbeleben zu sollen. Um diese Bemühung handelt es sich aber, auch wenn sie wissenschaftlich aufbereitet und dadurch der Moderne angepaßt wird. Wenn man liest, daß es darum ginge, «Erkenntnisse nicht mehr nur auf rational-analytischem Wege zu gewinnen, sondern auch auf dem Weg der Intuition, der Symbolik bis hin zur Magie», so ist das eine Mystifizierung. Es wird auf die Dauer keine Tragekraft haben. Ebensowenig führt es weiter, wenn man in sentimentaler Art direkt an die Gefühle, an die weiblichen Herzenskräfte appelliert.

Viel eher läßt sich anknüpfen an eine Denkart wie die von Harriet Taylor, die offenbar in selten harmonischer Weise «kühne Spekulation» mit «praktischem Lebenssinn» verband. Was befähigte sie dazu, die Brücke zwischen diesen beiden Extremen zu schlagen? Harriet Taylor war ein Kind des 19. Jahrhunderts, das ganz andere Qualitäten hatte als das unsrige, und verfügte daher über eine moralisch gefärbte Gemütskraft, die ihr eine sichere Grundlage gab. Wieder in seiner Autobiographie schreibt John Stuart Mill: «So standen ihre intellektuellen Eigenschaften nur im Dienst eines *moralischen Charakters*, der so edel und im Gleichgewicht war, wie ich nie einem ähnlichen im Leben begegnete. Ihre Selbstlosigkeit war nicht die eines angelernten Systems von Pflichten, sondern der Ausfluß eines Herzens, das die Gefühle der anderen zu den eigenen machte, ja wohl darüber hinausging, indem sie diese Gefühle imaginativ mit der Innigkeit der ihrigen bekleidete. Die Leidenschaft für Gerechtigkeit hätte man vielleicht für ihr stärkstes Gefühl halten können; allein es wurde noch überboten durch ihren schrankenlosen Edelmut und eine Liebesfülle, die stets bereit war, sich über jedes oder alle Menschenwesen auszugießen, die dafür nur das kleinste Gefühl entgegenzugeben vermochten.»

Der «moralische Charakter» war es, der den verbindenden Boden abgab, durch den sie weder zur Schwärmerin noch zur nüchternen Sozialreformerin wurde. So sehr wir diesen bewundern können, so setzt er doch eine Gemütsverfassung voraus, die uns nicht mehr zugänglich ist. Wir müssen für unser Jahrhundert eine andere Brücke suchen und können vielleicht wieder Hilfe bei einem Märchenbild finden.

Auch Goethe hat ein Märchen geschrieben,[6] eines der wenigen Kunstmärchen, die sich bezüglich des Symbolgehaltes mit den Volksmärchen messen können. Dies gilt auch in bezug darauf, daß es weit in die Zukunft hineinreicht. Es hat zum Thema die Harmonisierung zweier menschlicher Fähigkeiten und stellt dies durch Gestalten dar, in denen wir die beiden Urbilder des Weiblichen wiedererkennen können, die wir als Aschenputtel und Prinzessin auf dem Glasberg bereits betrachtet haben. Natürlich hat jedes «Bild», das diesen Namen verdient, eine Fülle von Aspekten. Wir sind aber durchaus berechtigt, nach Bedarf eine bestimmte Blickrichtung zu wählen.

In Goethes Märchen heißen die beiden weiblichen Hauptgestalten die grüne Schlange und die schöne Lilie. Sie leben in zwei Reichen, die durch einen Fluß voneinander getrennt sind. Nur unter ganz besonderen Umständen kann dieser Fluß überquert werden.

Goethe wollte mit seinem Märchen etwas ins Bild bringen, was Schiller philosophisch in seinen Briefen über die ästhetische Erziehung des Menschen ausgeführt hatte. Dieser spricht dort von zwei gegensätzlichen menschlichen Trieben, dem «Stofftrieb» und dem «Formtrieb», man könnte auch sagen, dem sinnlichen und dem geistigen Prinzip. Beide klaffen auseinander, und es wäre an der Zeit, daß ein Verbindendes gefunden würde.

Dem Stofftrieb entspricht in Goethes Märchen die grüne Schlange. Sie ist ganz dem Irdisch-Sinnlichen verbunden, kriecht durch Felsenklüfte, schmiegt sich der Gesteinswelt an. Als Schlange lebt sie in der Horizontalen, kann sich nur teilweise aufrichten, dafür aber kann sie sich mit dem ganzen Leib um die Dinge herumschlingen und deren Wesen erfühlen. Wenn, wie es bereits erwähnt wurde, in einem Volksmärchen der elementarische Liebes- und Muttertrieb im Bilde der «grünen Jungfer» dargestellt wird, so ist das ein sehr ähnliches Bild. Die schöne Lilie am anderen Ufer des Flusses ist eine königlich-edle und reine Jungfrau, die in einem großen Garten mit prächtigen Bäumen lebt. Aber die Pflanzen in diesem Garten tragen weder Blüten noch Früchte, und die Jungfrau ist unnahbar wie die Prinzessin auf dem Glasberg. Sie scheint unter einem Fluch zu stehen, denn jedes Lebewesen, das sie berührt, wird durch diese Berührung getötet. Sehen wir in ihr den «Formtrieb», d. h. das rein geistige Prinzip, so ist zu verstehen, daß alles Sinnliche von ihr zurückgestoßen wird, denn Sinnliches und Geistiges müssen zunächst als sich ausschließende Gegensätze begriffen werden. Für die schöne Lilie ist ihre Unberührbarkeit ein großer Schmerz, besonders nachdem der Jüngling, der sie liebt, in einem verzweifelten Versuch, sie zu umarmen, tot zu Boden gesunken ist.

Beiden Welten diesseits und jenseits des Flusses fehlt etwas. Wie können sie in Beziehung zueinander gebracht werden?

Rudolf Steiner hat, nachdem er sich viele Jahre intensiv mit Goethes Märchen beschäftigt hatte, dieses zur Grundlage seines ersten Mysteriendramas «Die Pforte der Einweihung»[7] gemacht. Er hat das Märchen sozusagen aktualisiert und in eine andere Kunstform übersetzt. Die Personen und der Handlungsverlauf entsprechen sich aber unmittelbar, so daß sie bei einer vergleichenden Betrachtung sich gegenseitig erhellen können.

Im ersten Entwurf des Dramas hat Steiner sogar noch die Namen aus Goethes Märchen beibehalten. Es gibt dort also zwei Gestalten, die «Schlange» und «Lilie» heißen. In den späteren Fassungen bekommen sie individuelle Namen: die Lilie wird nun «Maria» und die Schlange «die andere Maria» genannt. Mit dieser Namensgleichheit will Steiner zweifellos darauf hindeuten, daß es sich um zwei Seiten desselben Wesens handelt.

Maria ist eine Frau, deren geistige Entwicklungsstufe alle Menschen ihrer Umgebung weit übertrifft. Aber dennoch gibt es in ihrem Leben ein quälendes Rätsel. Gerade die Wesen, die sie besonders liebt und von denen sie geliebt wird, ihr Freund Johannes Thomasius und ihr Pflegekind, können in ihrer Gegenwart nicht gedeihen, sondern stagnieren in ihrer Entwicklung. Sie fühlt sich ganz der Welt des Wesens und der Wahrheit verbunden, aber empfindet, daß es ihr immer unmöglicher wird, in der sinnlichen Welt zu wirken, daß das Band, das Geist und Stoff verwebt, für sie immer dünner wird. Sie weiß, daß es nicht ganz zerreißen darf.

Rudolf Steiner stellt es so dar, daß in Marias Schicksal etwas vorweggenommen wird, was die Menschheit als ganze in der Zeit, die mit dem 20. Jahrhundert begonnen hat, erlebt. Millionen werden empfinden – so sagt er –, was Maria schmerzvoll fühlt als trennenden Abstand zwischen sich und den anderen Menschen, aber sie werden nicht klar erkennen, um was es sich handelt: nämlich um die Geburtswehen eines neuen Zeitalters, in dem alte Menschenfähigkeiten verloren gehen müssen, weil neue Kräfte geboren werden.[8]

Es handelt sich hier um mehr als ein psychologisches Problem. Es wird die Möglichkeit des modernen Menschen angesprochen, in zunehmendem Maße auch ohne geistige Schulung Impressionen aus der geistigen Welt haben zu können – etwas,

was heutzutage in der Tat besonders bei jüngeren Menschen immer häufiger auftritt.

Die seelisch-geistige Gelockertheit, durch die dies eintreten kann, ist Ergebnis der in unserem Kulturkreis seit langer Zeit erübten abstrakten Denkfähigkeit. Abstraktion ist «Abgezogenheit», das heißt, im Abstraktionsprozeß wird das Geistige vom Sinnlichen «abgezogen». Das kann dazu führen, daß das Band zwischen Geist und Stoff zerreißt, oder, anders ausgedrückt, daß das abstrakte Denken nicht mehr den Zugang zur Wirklichkeit findet. Ein solches Denken kann man als «männlich» anprangern. In Wirklichkeit sind wir alle, männlich oder weiblich, davon ergriffen. Die Gefahr, die damit angedeutet ist, bewußt zu sehen und zu verhindern, ist Gegenwartsaufgabe.

Maria ist in Rudolf Steiners Drama eine Repräsentantin der gegenwärtigen Menschheit, die vollbewußt erlebt, was für die meisten Menschen nur als dumpfes Gefühl auftritt. Es geht um eine Notlage, für die nicht so leicht Hilfe zu finden ist.

Die Hilfe muß – so sagt Goethes Märchen – zunächst von einer anderen Seite kommen. Die Prinzessin auf dem Glasberg muß warten, bis jemand diesen erklimmt, die schöne Lilie muß warten, bis von drüben, jenseits des Flusses, die Brücke gebaut worden ist. Für diesen Brückenbau ist nun etwas notwendig, was zentrale Bedeutung in dem Märchen hat: das Opfer der Schlange.

Die «andere Maria», die in Steiners Drama der grünen Schlange entspricht, ist eine Frau, die ein volles Mutterdasein durchlebt hat. Ihre Gemütswärme gab ihr die Kraft, ihre Kinder zu tüchtigen Menschen heranzuziehen, auch als sie dies allein tun mußte, da ein früher Tod ihr den Lebensgefährten raubte. Sie ist weiterhin pflegend tätig und bekommt immer neue Lebenskräfte durch eine spirituelle Weltanschauung, die sie mit religiöser Inbrunst auf sich wirken läßt. Sie wird die «niedere Schwester der Maria» genannt, die dem Abglanz des

Geistigen im Irdischen dient. In einer Szene in der «elementarischen Welt» tritt sie auf als eine glänzend schlangenartige Gestalt, die ihr eigenes Wirken mit den Worten beschreibt:

Ich ringe mich durch Felsengründe
Und will der Felsen eignen Willen
In Menschenworte kleiden;
Ich wittre Erdenwesenheit
Und will der Erde eignes Denken
Im Menschenkopfe denken.
Ich schlürfe reine Lebenslüfte
Und bilde Luftgewalten
In Menschenfühlen um.

In der Art, wie hier Felsen, Erde, Lüfte angesprochen werden, wird deutlich, daß es sich um eine elementarische, d. h. im besten Sinne instinktive Kraft im Menschen handelt. Wir haben bereits im Kapitel über den Mutterinstinkt davon gesprochen. Aus dem mütterlichen Instinkt heraus wirkt die andere Maria pflegend, helfend und wohltuend auf andere Menschen, etwas, was der Maria gerade versagt ist.

Bei Rudolf Steiner wird in einer für uns zunächst ungewohnten und überraschenden Weise vor allem die soziale Seite des Problems angesprochen: Wenn jede der beiden Frauen so bleiben will wie sie ist, so verhindert sie dadurch nicht nur die eigene, sondern auch die Entwicklung der anderen. Sie müssen beide ein Opfer bringen, damit Weiterentwicklung möglich wird.

Zunächst geht es wieder im Nachvollzug des Handlungsverlaufs von Goethes Märchen um das Opfer der anderen Maria. Wenn sie sich dazu entschließt, das Geistige nicht mehr wie bisher nur gefühlsmäßig als etwas Kraftspendendes aufzunehmen, sondern bewußt nach klaren Erkenntnissen zu streben, so schafft sie dadurch die Möglichkeit, daß ihrer höheren Schwester der Zugang zu einer Wirksamkeit im Sinnesbereich erschlossen wird. Nur wenn sie ihrer Liebeswärme das Erkenntnislicht hinzufügt, kann sie dem Liebeslicht der Maria Wärme geben und damit den Weg zur Erde bahnen.

Wie kann das geschehen? In Goethes Märchen verschlingt die grüne Schlange die Goldstücke, die ihr von den «Irrlichtern» zugeworfen werden. In den Irrlichtern können wir die Repräsentanten des intellektuellen Denkens sehen. Der Intellekt ist leuchtend und flink beweglich. Er wirft Gedanken aus wie geprägte Münzen und interessiert sich nicht dafür, was weiter damit geschieht. Die Schlange frißt diese Münzen und verdaut sie. Sie schmelzen in ihrem Leibe und machen sie von innen heraus leuchtend. Intellektuelle Gedanken bekommen eine andere Qualität, wenn sie «verdaut» sind, sie können dann Gebiete durchleuchten, die vorher im Dunklen, Instinktiven lagen, so wie die leuchtend gewordene Schlange Licht in die Felsenklüfte bringt. Wenn klares Denken in das instinktive Gemüthafte eindringt, dann «ist es an der Zeit». Dies ist ein Schlüsselwort in Goethes Märchen.

Ein Instinkt, der vom Denken erhellt wird, ist kein Instinkt mehr. Er verwandelt sich in lichtvolle Gedankenkraft. Die Schlange opfert sich, das heißt, sie hört auf, als Schlange zu existieren, und zerfällt in einen Haufen leuchtender Edelsteine.

Wir kommen nun an einen sehr interessanten Punkt, der uns bereits als Frage beschäftigt hat. Wir haben festgestellt, daß der natürliche Mutterinstinkt immer schwächer wird und im Begriffe ist, ganz zu verschwinden. Er zerfällt wie die grüne Schlange. Verschwindet er dabei einfach ins Nichts? Die grüne Schlange tut es nicht. Ihre Zerfallsprodukte sind Edelsteine. In Goethes Märchen hängt viel davon ab, daß diese Edelsteine nicht einfach als Abfall liegenbleiben, sie müssen sorgfältig aufgesammelt und in den Fluß geworfen werden. Dann baut sich aus ihnen die majestätische Brücke auf, die fortan die beiden getrennten Reiche verbindet.

Wenn die Steine liegengelassen würden, dann wäre das Opfer der Schlange umsonst. Umsonst hätten Menschen dann jahrhundertelang ihre instinktive Schaffenskraft in den Weltengang gegeben. Die Kraft des Instinktes würde auch dann zerfallen, aber sich nicht verwandeln, und die Brücke zur Welt des Geistes würde nicht gebaut werden.

Was heißt das? Wir sollen das, was uns geblieben ist als Rest, als Verwandlungsprodukt mütterlicher Liebeskraft, die von Intelligenz durchdrungen wurde, nicht versickern lassen, nicht mit Verachtung übergehen, sondern in den Strom des Lebens einbeziehen. Wir brauchen die Schlangenkraft, aber die Schlange soll nicht wiederbelebt, sondern metamorphosiert werden, damit durch sie die Abstraktheit unserer Kultur überwunden werden kann.

Die abstrakte Lebensfeindlichkeit unserer Welt kann wieder mit den realen Notwendigkeiten verbunden werden, wenn genügend Frauen wissen, daß sie die Edelsteine ihrer spezifisch weiblichen Fähigkeiten zum Bau der Brücke verwenden müssen, die Geistiges und Sinnliches verbinden kann.

Und so kommen wir zu der anderen Seite der Sache. Die schöne Lilie muß, wenn durch das Opfer der Schlange die Brücke gebaut ist, aufbrechen, *sich auf den Weg machen,* um wirklich in das Reich des irdischen Lebens einzuziehen. Sie muß ihren paradiesischen Garten verlassen, um der Schlange entgegenzugehen.

Der Garten der schönen Lilie ist das Gebiet des rein Geistigen. Dort reifen keine Erdenfrüchte. Das Gebiet des nur Gedanklichen kann nicht unmittelbar für das Erdensein fruchtbar gemacht werden.

Betrachten wir ein konkretes, etwas vereinfachendes Beispiel: Wenn wir feststellen, daß wir nicht mehr von innen von unseren Instinkten belehrt werden, beispielsweise darüber, wie wir uns als Mutter eines Kindes zu verhalten haben, so suchen wir Hilfe durch das Studium von Büchern. Dort werden in gedanklicher Art Dinge ausgeführt, die vielleicht außerordentlich richtig sind. Es leuchtet uns ein, und wir möchten es verwirklichen.

Früher oder später werden wir bemerken, daß dies ein unfruchtbares Beginnen ist. Das Kind in dem Buch ist nicht unser Kind. Wohlgemerkt: Es ist durchaus notwendig, denkend die Lebensfragen zu durchdringen und sich belehren zu lassen. Wollen wir dann aber handeln, so müssen wir das Gelernte vergessen und uns auf den Weg machen zum Reich der grünen Schlange, um in ihrem Lichte *sehen zu lernen.*

Nur wenn wir unser Kind wirklich anschauen, werden wir merken, was es nötig hat. Dann aber sind daraus auch Konsequenzen zu ziehen. Uns weder von «Gebrauchsanweisungen» noch von auf uns selbst gerichteten Gefühlen des Gefallens oder Mißfallens bestimmen zu lassen, sondern von dem, was wir als das Sachgemäße wahrnehmen, heißt: der Schlange entgegengehen.

In seinem zweiten Mysteriendrama «Die Prüfung der Seele» stellt Rudolf Steiner das Opfer Marias dem der «anderen Maria» an die Seite. Es wird geschildert, wie Maria trotz oder vielleicht gerade wegen ihrer hohen geistigen Qualitäten nicht frei war von «Wissenseitelkeit» und «Selbstbespiegelung». Diese harten Worte wendet sie auf sich selbst an, als sie streng mit sich ins Gericht geht. Sie hatte einen großen und guten Einfluß auf ihren Freund, den Maler Johannes Thomasius. Sie muß aber erkennen, daß dieser Einfluß sie mit einer gewissen Genugtuung erfüllte und ihn unfrei machte. Er liebte diese Unfreiheit, und es verletzt ihn, als er ihre größere Zurückhaltung spürt. Dennoch überwindet sie sich dazu, sich zurückzunehmen, und ihr Geltungsbedürfnis, so fein und subtil es auch war, zu mäßigen. Nicht äußere Freundschaftstrennung wird verlangt, aber eine innerlich freilassendere Haltung.

Maria: Nicht vorschnell will ich ferner deuten
Das Wissen aus dem Geistesland.
Ich will als Kraft es schätzen,
Die meine Seele bilden soll –,
Und nicht als Weisung,
Die mir ersparen kann die Mühe,
Im Leben selbst des Handelns Ziele zu erkennen.

Also selbst das «Wissen aus dem Geistesland», das heißt in diesem Fall Marias Erkenntnis der tiefen schicksalhaften Zusammengehörigkeit mit ihrem Freund, darf nicht direkt zum Handlungsmotiv werden. Wie zu handeln ist, muß man den Dingen selbst ansehen lernen. Was Maria jetzt leistet, liegt nicht auf dem Erkenntnis-, sondern auf dem Willensfelde.

Die zwei Qualitäten, repräsentiert durch die «eine» und die «andere» Maria, müssen zunächst auf getrennten Wegen abwechselnd entwickelt werden, um dann im Menschen selbst zu verschmelzen. Der eine Weg führt aus dem Bereich dumpfer unbewußter Lebendigkeit ins helle Wachbewußtsein. Der andere, der Weg aus dem Bereich der reinen, aber lebensfeindlichen Geistigkeit im Denken über die Brücke hin zum konkreten Wirken zum Nutzen der Menschheit, ist der Weg, «im Leben selbst des Handelns Ziele zu erkennen».

Alle Menschen, Frauen wie Männer, sind aufgerufen, in individueller Weise, so wie es ihre Lebensumstände ermöglichen, Fortschritte auf diesen Wegen zu machen und damit an einer heilsamen Zukunft zu bauen.

Anmerkungen

Vorwort

1 Ingrid Riedel: Tabu im Märchen, Olten 1985.
2 So formuliert es Rudolf Steiner zu Weihnachten 1923 in § 1 der Statuten der Allgemeinen Anthroposophischen Gesellschaft.

Die Frauenbewegung

1 Rudolf Steiner: Zur Geschichte und aus den Inhalten der ersten Abteilung der Esoterischen Schule 1904–1914, Gesamtausgabe Bibliographie-Nr. 264 (GA 264), Dornach 1984, S. 56.
2 Florence Hervé (Hrsg.): Geschichte der deutschen Frauenbewegung, Köln 1987.
3 Rudolf Steiner: Die Philosophie der Freiheit (1894), GA 4, Dornach 1983, XIV. Kap. «Individualität und Gattung».
4 Jeffrey Moussaieff Masson: Was hat man dir, du armes Kind, getan? Sigmund Freuds Unterdrückung der Verführungstheorie, Hamburg 1984.
Massons Veröffentlichung, zuerst in New York erschienen, erregte in der psychoanalytischen Fachwelt einen Skandal. Er verlor daraufhin seinen Posten am Freud-Archiv. Ähnliches hatte vor ihm (1981) Alice Miller erlebt und sogar schon 1932 der Schüler und Freund Freuds Sandor Ferenczi, der gegen Ende seines Lebens zu der «Verführungstheorie» seines Lehrers zurückgekehrt war und daraufhin der wissenschaftlichen Ächtung verfiel.
5 Lida G. Heymann ist zitiert nach Anm. 2, S. 100. Zum Wesen des Männlichen und des Weiblichen siehe auch Signe Schaefer / Betty Staley / Margli Matthews: Das Erwachen Ariadnes, Stuttgart 1987.
6 Betty Friedan: Der Weiblichkeitswahn oder die Selbstbefreiung der Frau, Hamburg 1970, und: Der zweite Schritt, Zürich 1984.

Die Entgöttlichung der Natur

1 Rudolf Steiner: Vortrag vom 21. Dez. 1916 in Zeitgeschichtliche Betrachtungen, GA 173, Dornach 1978, S. 230.

2 Ulrich Mann: Minoische Tragödie. Kretas Geschichte und Kult als dramatisches Geschehen, in: Antaios Bd. 4, Nr. 3, Sept. '62, hrsg. von Mircea Eliade und Ernst Jünger.
3 Johannes Heymann Mathwich: Geheimnis der Mütter, Privatdruck.
4 zitiert nach Erich Fromm: Die Kunst des Liebens, Frankfurt/M.–Berlin–Wien 1956, S. 121.

Mysterium der Liebe

1 Die Gedichte Walthers von der Vogelweide, herausgegeben von Carl von Kraus, Berlin 1950.
Neuhochdeutsche Übersetzung:

Herzliebe kleine Herrin,
Gott behüte dich heute und immer!
Wenn ich meine Wünsche besser ausdrücken könnte,
so täte ich es wahrlich gern.
Was kann ich dir mehr sagen,
als daß dich niemand lieber haben kann.
O weh, das bringt mir manches Weh!

Sie warfen mir vor, daß ich meinen Gesang
  an niedrig Geborene wende.
Daß sie nicht begreifen, was wirkliche Liebe ist,
dafür sollen sie verwünscht sein.
Sie hat wahre Liebe nie getroffen.
Die nach Reichtum und Schönheit lieben, weh wie lieben die?

2 Alice Schwarzer: Simone de Beauvoir heute. Gespräche aus zehn Jahren, Hamburg 1986.
3 Katherine Mansfield: Seligkeit und andere Erzählungen, München 1981.
4 Rainer Maria Rilke: Briefe, Frankfurt/M. 1966, Brief Nr. 24 vom 14. 5. 1904 an Franz Xaver Kappus.
5 Thornton Wilder: Die Alkestiade, in: Stücke, Berlin 1982.

Von der Dauer einer Lebensgemeinschaft

1 Rosa Mayreder: Geschlecht und Kultur, Wien 1923.
2 Mariama Bâ: Ein so langer Brief. Ein afrikanisches Frauenschicksal, Frankfurt/M. – Berlin 1988.
3 Rudolf Steiner: Briefe Band II: 1890–1925, GA 39, Dornach 1987, Brief Nr. 618.
4 Friedrich Schaller: Sexualität, in Naturwissenschaftliche Rundschau, Januar 1989.
5 Peter Handke: Kindergeschichte, Frankfurt/M. 1981.

Mythische Wurzeln der Mütterlichkeit

1 Sheila Kitzinger: Frauen als Mütter, München 1980.
2 zitiert aus Stefan Leber: Geschlechtlichkeit und Erziehungsauftrag, Stuttgart 1981, S. 57. Die 2. erweiterte Auflage mit zusätzlichen Beiträgen von Wolfgang Schad und Andreas Suchantke ist unter dem Titel «Die Geschlechtlichkeit des Menschen» erschienen. Stuttgart 1989.
3 Felicitas Betz: Märchen als Schlüssel zur Welt, Lahr 1977.
4 Heide Göttner-Abendroth: Die Göttin und ihr Heros, München 1980.
5 Susanna Kubelka: Endlich über vierzig. Der reifen Frau gehört die Welt, Zürich 1981.
6 Ernst Barlach: Die Dramen, München/Zürich 1985.

Mutterkulte und Mutterrecht

1 Dieses und die nächsten drei Zitate sind aus Otakar Nahodil: Mysterien heiliger Mutterschaft. Zur Archäologie des «Matriarchats» (in Gerd-Klaus Kaltenbrunner [Hrsg.]: Mutterschaft, München 1987).
2 Bulgarische Volksmärchen, Düsseldorf/Köln 1971, Nr. 23: Das ungeborene Mädchen.
3 Erich Neumann: Ursprünge des Bewußseins, Zürich 1949.
4 Johann Jakob Bachofen: Das Mutterrecht, Basel 1861.

1 «Der Jüngling und das große Tier mit dem Menschenkopf», aus Der Mann in allen Farben, Märchen aus der Gascogne, Bd. 1, Stuttgart 1977.

2 Elisabeth Badinter: Mutterliebe. Geschichte eines Gefühls vom 17. Jahrhundert bis heute, München 1984.

3 Hans Wollschläger: Karl May. Grundriß eines gebrochenen Lebens, Zürich 1976.

4 Vgl. die von Alice Schwarzer in «Simone de Beauvoir heute» angeführten Gespräche.

5 «Marienkind», Nr. 3 der Kinder- und Hausmärchen der Brüder Grimm.

6 «Bei der schwarzen Frau», aus: Deutsche Märchen aus dem Donauland, Düsseldorf/Köln 1958.

7 Ingrid Riedel: Tabu im Märchen, Olten 1985.

8 Auf diese Variante weist Ingrid Riedel hin in ihrem Buch «Tabu im Märchen».

9 «Die grüne Jungfer» aus Harzmärchenbuch, hrsg. von August Ey 1962.

10 Vgl. Susanna Kubelka über die späte Reife zur Geschlechtlichkeit in: Endlich über vierzig, Zürich 1981.

11 Christiane Collange berichtet in ihrem Büchlein «Ich will ins Haus zurück» (München 1979) über Versuche eines Sexualwissenschaftlers, die auch sehr deutlich die unterschiedliche Veranlagung von Männern und Frauen zeigen: Er stellte fest, daß die Pupillen von Männern sich erweiterten, wenn sie Photos von schönen nackten Frauen sahen, auch wenn sie sonst keinerlei Reaktion zeigten. Frauen reagierten weder auf Photos von Männern, unbekleidet oder bekleidet, noch von Paaren oder Frauen. Erst angesichts von Bildern kleiner Kinder gab es auch bei ihnen die entsprechende Pupillenerweiterung.

12 nach Flensburger Sonderheft Nr. 1, 1987, «Partnerschaft und Ehe», S. 22.

13 Von Malern und Bildhauern ist in hunderten von Kunstwerken der idealisierte, meist jugendliche weibliche Körper nachgebildet worden. Unter ihnen gab es wenige Frauen. Diejenigen aber, die es

gegeben hat (z. B. Käthe Kollwitz, Paula Modersohn-Becker) haben keineswegs vorwiegend Männer dargestellt, sondern auch Frauen, weniger idealisiert und sehr oft als Mütter.

Das Tor zur Mutterschaft

1 Zur Orientierung können folgende Broschüren empfohlen werden: Johannes Lenz: Die Christengemeinschaft. Eine Einführung, Kurt von Wistinghausen: Grundlegung der Ehe, Stuttgart 1963.
2 Adalbert Stifter: Feldblumen (aus «Studien»).
3 zitiert nach Anm. 4 («Gespräche mit Ungeborenen», S. 211)
4 Dietrich Bauer, Max Hoffmeister, Hartmut Görg: Gespräche mit Ungeborenen. Kinder kündigen sich an, Stuttgart 1986.
5 Maria Christiane Benning: Merlin der Zauberer und König Artus, Ahrweiler 1958.

Mutter sein

1 Bei diesem Gedicht, das sich im Nachlaß meines verstorbenen Vaters fand, ist mir der Autor leider nicht bekannt.
2 Therese Schröer: Über praktische Kindererziehung, Stuttgart 1958.
3 Über die Themen Familienleben, alternative Möglichkeiten und Umgang mit Kindern gibt es viele Anregungen in dem Buch «Familienleben», herausgegeben von Gudrun Davy und Bons Voors, Stuttgart 1985.
4 Anne Morrow Lindbergh: Muscheln in meiner Hand, München 1955.
5 Bericht über die Arbeit von Claudia Schmidt in «Sprachreport» (1/87), hrsg. vom Institut für deutsche Sprache, Mannheim.
6 Matthias Claudius: Werke, Dresden o. J.

Beruf: Hausfrau

1 August Kopisch: Die Heinzelmännchen.
2 Zu dem Thema siehe auch den Essay von Walter Benjamin «Der Erzähler. Betrachtungen zum Werk N. Lesskows».
3 Marie Luise Blatter «Profession Hausfrau», Basler Zeitung 1988.

Selbstverwirklichung als Mutter

1 Doris Reim (Hrsg.): Frauen berichten vom Kinderkriegen, München 1984.
2 Die kleine Chronik der Anna Magdalena Bach, Leipzig 1931.
3 Rosa Mayreder: Zur Kritik der Weiblichkeit, Wien 1905.
4 Ein Beispiel unter anderen: Maxie Wander, Leben wär' eine prima Alternative, Berlin 1979.
5 Rainer Maria Rilke: Duineser Elegien.
6 Anne Morrow Lindbergh: Stunden von Gold, Stunden von Blei, München 1973.

Wozu sind wir berufen?

1 Dieses und die nächsten drei Zitate sind aus: Doris Reim (Hrsg.): Frauen berichten vom Kinderkriegen, München 1984.
2 Rudolf Steiner: Das Karma des Berufes des Menschen in Anknüpfung an Goethes Leben, GA 172, Dornach 1964.

Der Konflikt zwischen Leben und Arbeit

1 Kathleen Ferrier. Das Wunder einer Stimme, Stuttgart 1986.
2 Dieses und das nächste Zitat: Rainer Maria Rilke: Briefe, Frankfurt/M. 1966, Brief Nr. 331 an Gräfin M.
3 Anne Delbée: Der Kuß. Kunst und Leben der Camille Claudel, München 1985.
4 Rainer Maria Rilke: Requiem für Paula Modersohn-Becker.

Lebensrhythmen

1 Hier sei nochmals verwiesen auf das unter Anm. 4 zum Kap. «Das Tor zur Mutterschaft» erwähnte Buch «Gespräche mit Ungeborenen», in dem dieser Gesichtspunkt in einmaliger Weise herausgearbeitet ist.
2 Käthe Kruse: Ich und meine Puppen, Freiburg/Br. 1982.
3 Eugenie Schumann: Erinnerungen, Stuttgart 1925.
4 John Stuart Mill: Autobiographie, 1873.
5 In seiner Autobiographie erwähnt Mill mehrere Werke, die er gemeinsam mit Harriet erarbeitete. Ihre «Abneigung gegen alle Öf-

fentlichkeit» hinderte ihn, dies in seinen Büchern zur Geltung zu bringen. «The subjection of women» kam erst nach ihrem Tode heraus. Es wurde ein grundlegendes Buch für die Frauenbewegung.

6 Diese drei Grundsätze werden von Rudolf Steiner dargestellt als die Prinzipien der wahren Rosenkreuzer früherer Zeiten. Siehe Rudolf Steiner: Der Orient im Lichte des Okzidents, GA 113, Dornach 1960.

7 Almut Bockemühl: Kunst als Schöpfung aus Alterskräften. Henri Matisse und die «Chapelle du Rosaire» in Vence, in der Zeitschrift «Die Drei» November 1988.

Die Brücke der grünen Schlange

1 Rudolf Steiner: Das Karma des Berufes, GA 172, Dornach 1964.

2 Nr. 21 in Kinder- und Hausmärchen der Brüder Grimm.

3 «Der treue Johannes» (Grimm), «Hirsedieb» (Bechstein), «Die Jungfrau auf dem Glasberg» (in: Die Kormorane von Ut-Röst, Norwegische Märchen, Stuttgart 1965) und viele andere.

4 Margarete Mitscherlich: Die Zukunft ist weiblich, Zürich 1987.

5 Hallie Iglehart: Weibliche Spiritualität, München 1987. Heide Göttner-Abendroth: Die Göttin und ihr Heros, München 1980. Vgl. aber dazu: Signe Schaefer / Betty Staley / Margli Matthews: Das Erwachen Ariadnes, Stuttgart 1987.

6 J. W. von Goethe: Das Märchen, in Unterhaltungen deutscher Ausgewanderten, Artemis Zürich 1949, Bd. 9. Einzelausgabe im Verlag Freies Geistesleben, Stuttgart, 9. Aufl. 1989.

7 Rudolf Steiner: Vier Mysteriendramen, GA 14, Dornach 1956.

8 Rudolf Steiner: Entwürfe, Fragmente und Paralipomena zu den vier Mysteriendramen, GA 44, Dornach 1969.